全国中等职业技术学校汽车类专业教材

汽车概论

（第二版）

人力资源和社会保障部教材办公室组织编写

中国劳动社会保障出版社

简介

本书主要内容包括：汽车概述，发动机，底盘，电气设备，汽车车身，新能源汽车，汽车选购、管理与保险等。

本书由祖国海主编，潘志勇、王平、高清华、隋礼辉、张树玲参加编写，陈社会主审。

图书在版编目(CIP)数据

汽车概论/祖国海主编. —2版. —北京：中国劳动社会保障出版社，2016
全国中等职业技术学校汽车类专业教材
ISBN 978-7-5167-2485-9

Ⅰ.①汽… Ⅱ.①祖… Ⅲ.①汽车-中等专业学校-教材 Ⅳ.①U46

中国版本图书馆CIP数据核字(2016)第121352号

中国劳动社会保障出版社出版发行
（北京市惠新东街1号 邮政编码：100029）
*
三河市华骏印务包装有限公司印刷装订 新华书店经销
787毫米×1092毫米 16开本 9印张 215千字
2016年6月第2版 2021年12月第8次印刷
定价：17.00元

读者服务部电话：（010）64929211/84209101/64921644
营销中心电话：（010）64962347
出版社网址：http://www.class.com.cn
http://jg.class.com.cn

前　言

为了更好地适应中等职业技术学校汽车类专业教学要求，全面提升教学质量，人力资源和社会保障部教材办公室组织有关学校的骨干教师和行业、企业专家，在充分调研企业生产和学校教学情况、广泛听取教材用户反馈意见的基础上，对全国中等职业技术学校汽车类专业教材进行了修订和补充开发。

本次教材修订和补充开发工作的重点主要体现在以下几个方面：

第一，完善教材体系，更好地满足教学需求。

结合职业院校汽车类专业设置和办学特点，调整并完善了教材体系，与专业通用基础教材相衔接，开发了汽车维修、汽车电器维修、汽车钣金与美容、汽车检测、汽车营销等专业方向教材，构建了“通用基础平台＋不同专业方向平台”的教材体系。此外，还针对学校对电控技术、车载网络技术、新能源汽车等高新技术的教学需求，开发了相应的教材。

第二，反映技术发展，适应岗位职业能力需求变化。

随着汽车制造水平的不断提高，汽车维修的内容和工艺发生了相应变化；伴随着私家车保有量的不断增长，汽车营销、汽车美容等相关从业人员的职业能力要求也在发生相应变化。因此，本次修订工作注重在教材中增加新知识、新技术、新材料、新工艺等方面的内容，体现教材的先进性。同时，根据中级工从事相关岗位工作的实际需要，合理确定学习目标，对教材内容的深度、难度做了适当调整，同时注重综合职业能力的培养。

第三，融入先进教学理念，创新教材表现形式。

专业通用基础教材的编写以汽车及其零部件为载体，充分体现专业特色；专业方向教材的编写根据学校教学实际，充分体现一体化教学思路，增加了实训内容在教材中的比重。为了增强教材的表现效果，提高学生的学习兴趣，教材中使用了大量高质量的实物图片，部分教材采用双色或彩色印刷。

第四，开发辅助产品，提供教学服务。

为了方便教学，配套开发了习题册、教学参考书和电子课件。电子课件可通过职业教育教学资源和数字学习中心（http：//zyjy. class. com. cn）免费下载。

本次教材修订工作得到了河北、江苏、浙江、山东、山西、广东、广西、陕西等省、自治区人力资源和社会保障厅及有关学校的大力支持，在此表示诚挚的谢意。

人力资源和社会保障部教材办公室

2014年7月

目　录

第一章　汽 车 概 述

§1—1　汽车总体构造和技术参数

学习目标

1. 了解汽车的组成。
2. 了解汽车的质量、外廓尺寸、通过能力、性能指标等参数。

一、汽车整体构造

现代汽车是由多个系统和机构组成的，各类汽车在外观和内部结构上都有差异，但一般都由发动机、底盘、车身和电气设备四个部分组成。典型汽车的总体组成如图 1—1 所示。

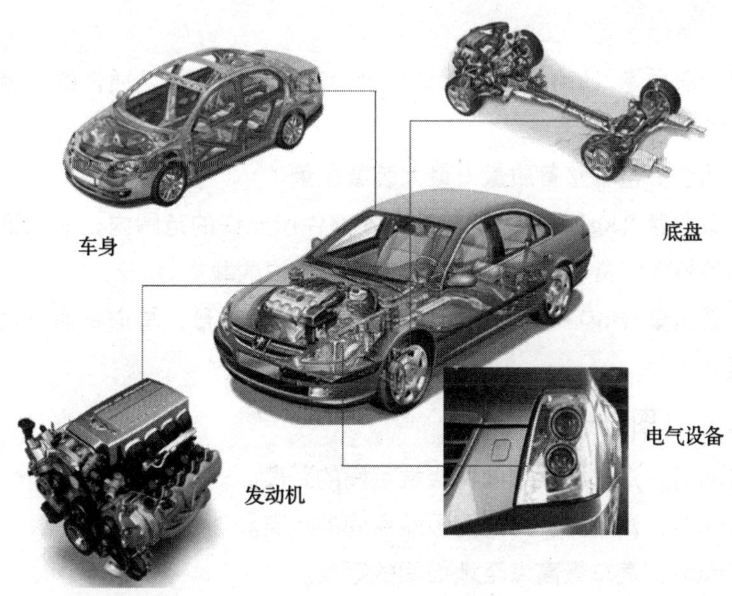

图 1—1　汽车的总体组成

1. 发动机

发动机是汽车的动力装置。燃料在发动机中燃烧放热，把化学能转变为机械能并输出，为汽车运行和发电机、空调、动力转向等其他系统的工作提供动力。发动机由曲柄连杆机构、配气机构、燃油供给系、润滑系、冷却系、起动系和点火系（柴油机无此系统）等组成。

2. 底盘

底盘是汽车的基础。底盘接受发动机的动力，使汽车按驾驶员的控制行驶。底盘由传动系、行驶系、转向系和制动系四大部分组成。

3. 车身

车身为驾驶员和乘客提供工作和乘坐空间及装载货物。通常货车车身包括驾驶室和货厢两部分，客车和轿车一般采用整体式车身。

4. 电气设备

汽车电气设备包括电源（蓄电池和发电机）及起动、照明、信号、仪表等用电设备。现代汽车上广泛使用的微机控制系统、传感器、执行器等一般归属于电气设备。

二、汽车技术参数

用户在购买汽车时往往会对比各项技术参数，根据用途不同选择合适的车辆。

1. 质量

(1) 整车装备质量（kg）：汽车按出厂技术条件装备完整（如备胎、工具等安装齐备），各种油水添满后的重量。这是汽车的一个重要设计指标。整车装备质量也就是人们常说的一辆汽车的自重，它的规范定义是：汽车在正常条件准备行驶时的重量（油箱装有90%的燃油）+随车附件（备胎、随车工具等）。

(2) 最大设计总质量（kg）：它是保证车辆绝对安全的质量，通俗的说就是能安全的驻车、刹车的总质量。

最大设计总质量＝整车整备质量＋最大装载质量

(3) 最大装载质量（kg）：在汽车自身各零部件所允许的范围内，能保证汽车在道路上稳定行驶的汽车的最大的货物装载量，即我们通常所说的载重。

(4) 最大轴载质量（kg）：汽车单轴所承载的最大总质量，与道路通过性有关，道路设计时涉及这一概念。

2. 外廓尺寸（图1—2）

(1) 车长（mm）：汽车长度方向两极端点间的距离。

(2) 车宽（mm）：汽车宽度方向两极端点间的距离。

(3) 车高（mm）：汽车最高点至地面间的距离。

(4) 轴距（mm）：汽车前轴中心至后轴中心的距离。轴距的长短直接影响汽车的长度，进而影响车内使用空间。轴距越长，内部使用空间越大，但汽车的机动性变差。

(5) 轮距（mm）：车轴两端的车轮平面的距离。汽车的轮距有前轮距和后轮距之分，前轮距是前面两个轮中心平面之间的距离，后轮距是后面两个轮中心平面之间的距离。一般来说，轮距越宽，驾驶舒适性越高。

(6) 前悬（mm）：汽车最前端至前轴中心的距离。

(7) 后悬（mm）：汽车最后端至后轴中心的距离。

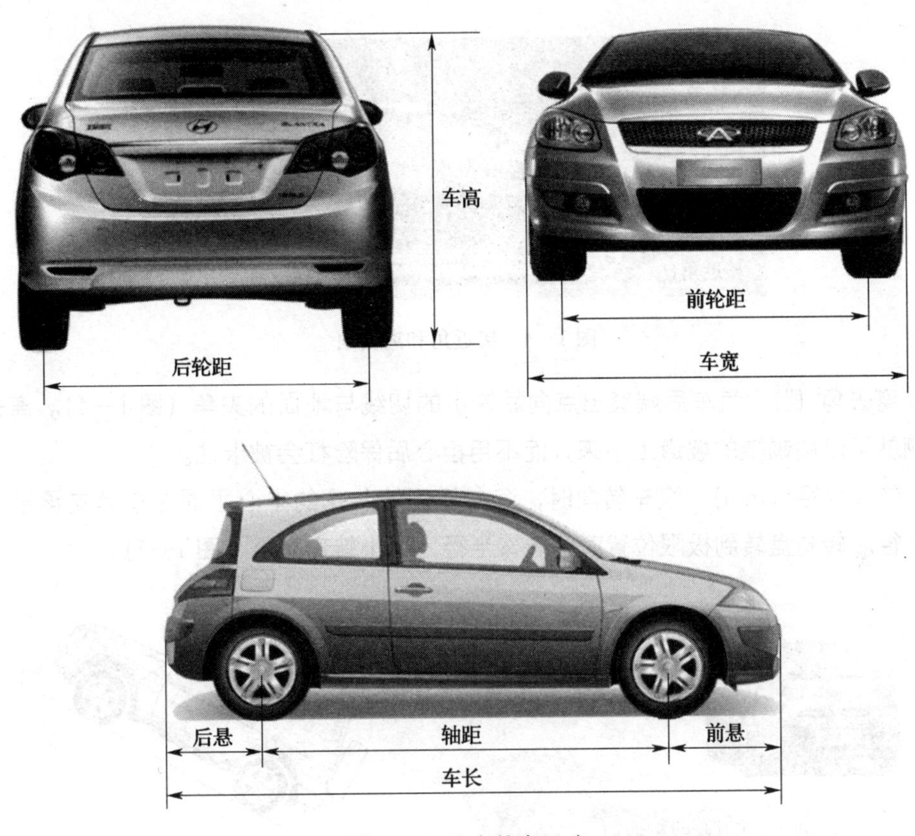

图 1—2 汽车外廓尺寸

3. 通过能力

(1) 最小离地间隙 (mm): 汽车满载时，最低点至地面的距离 (图 1—3)。最小离地间隙越大，汽车越容易越过障碍物，但重心偏高，降低了稳定性。

图 1—3 最小离地间隙

(2) 接近角 (°): 在汽车满载静止时，汽车前端突出点向前轮所引切线与地面的夹角，即水平面与切于前轮轮胎外缘 (静载) 的平面之间的最大夹角 (图 1—4)。在最小离地间隙较高的情况下，如果接近角越大，那么车辆的通过能力越强。

图1—4　接近角和离去角

(3) 离去角 (°)：汽车后端突出点向后轮引的切线与地面的夹角 (图1—4)。离去角越大，车辆就可以由越陡的坡道上下来，而不用担心后保险杠会被卡住。

(4) 转弯半径 (mm)：汽车转向时，汽车外侧转向轮的中心平面在车辆支承平面上的轨迹圆半径。转向盘转到极限位置时的转弯半径为最小转弯半径 (图1—5)。

图1—5　汽车转弯半径和爬坡度

(5) 最大爬坡度 (%)：汽车满载时的最大爬坡能力 (图1—5)。爬坡度用坡度的角度值 (以度数表示) 或以坡度起止点的高度差与其水平距离的比值 (正切值) 的百分数来表示。

4. 性能指标

(1) 最高车速 (km/h)：汽车在平直道路上行驶时能达到的最大速度。

(2) 平均燃料消耗量 (L/100 km)：汽车在道路上行驶时每百公里平均燃料消耗量。

(3) 车轮数和驱动轮数 ($n\times m$)：车轮数以轮毂数为计量依据，n 代表汽车的车轮总数，m 代表驱动轮数。

按小组查找不同车型的技术参数，然后对比不同车型技术参数的差别，说明参数的意义。

§1—2　汽车的分类

学习目标

1. 了解汽车的定义。
2. 了解汽车的分类方法。
3. 了解乘用车和商用车辆的分类。

汽车是指由动力驱动，具有四个或四个以上车轮的非轨道承载的车辆，主要用于载运人员或货物。对于与电力线相连的车辆，如无轨电车，整车装备质量超过 400 kg 的三轮车辆，也可作为汽车处理。

一、按照车辆的设计和技术特性分类

GB/T 3730.1—2001《汽车和挂车类型的术语和定义》中规定，根据车辆的设计和技术特性分为汽车、挂车和汽车列车。

1. 汽车

汽车分为乘用车和商用车辆两类。

(1) 乘用车

乘用车是指在其设计和技术特性上主要用于载运乘客及其随身行李或临时物品的汽车，包括驾驶员座位在内最多不超过 9 个座位。它也可以牵引挂车。

乘用车主要包括：普通乘用车、活顶乘用车、高级乘用车、小型乘用车、敞篷车、舱背乘用车、旅行车、多用途乘用车、短头乘用车、越野乘用车、专用乘用车 11 种，如图 1—6 所示。其中，专用乘用车又可分为旅居车、防弹车、救护车、殡仪车。

普通乘用车

活顶乘用车

高级乘用车

小型乘用车

敞篷车

舱背乘用车

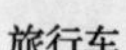
旅行车

多用途乘用车

短头乘用车

越野乘用车

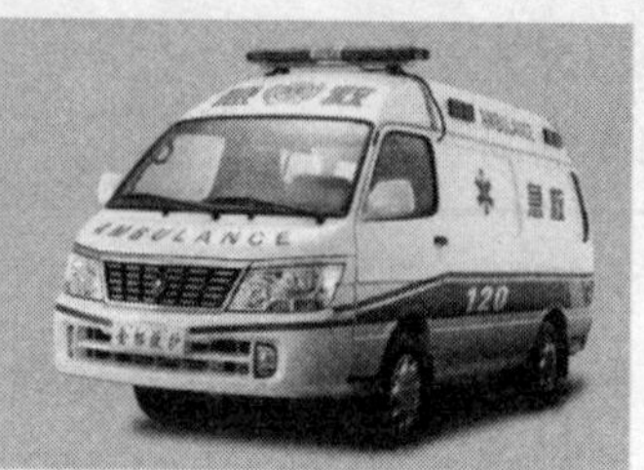

专用乘用车（如救护车等）

图 1—6　各种乘用车

（2）商用车辆

商用车辆是在设计和特性上用于运送人员和货物的汽车，并且可以牵引挂车。商用车辆按照用途分为客车、半挂牵引车和货车三大类。

1）客车　在设计和技术特性上用于载运乘客及其随身行李的商用车辆，包括驾驶员座位在内座位数超过 9 座，具体分类如图 1—7 所示。

2）半挂牵引下　装备有特殊装置用于牵引半挂车的商用车辆，如图 1—8 所示。

小型客车　城市客车　长途客车

旅游客车　铰接客车　无轨电车

越野客车　专用客车

图 1—7　各种客车

3）货车 货车的主要用途是运载货物，具体分类如图 1—9 所示。

图 1—8 半挂牵引车

2. 挂车

挂车是指自身无动力，需要由汽车牵引的一种道路车辆，用于载运人员或货物及特殊用途，包括牵引杆挂车、半挂车、中置轴挂车，如图 1—10 所示。

普通货车

多用途货车

全挂牵引车

越野货车

专用作业车

专用货车

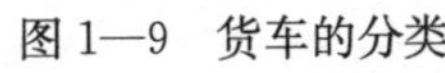

图 1—9 货车的分类

图 1—10 挂车

3. 汽车列车

汽车列车是指一辆汽车与一辆或多辆挂车的组合，如图 1—11 所示。汽车列车主要可分为乘用车列车、客车列车、货物列车、牵引杆挂车列车、铰接列车、双挂列车、双半挂列车和平板列车。

图 1—11 汽车列车

二、根据 GB/T 15089－2001 分类

根据 GB/T 15089－2001《机动车辆及挂车分类》，机动车辆及挂车分为 L 类、M 类、N 类、O 类和 G 类五种类型。

1. L 类车辆

它是指两轮或三轮机动车辆。根据车辆使用的热力发动机排量、车轮数，又分为 L_1、L_2、L_3、L_4和 L_5五类。

2. M 类车辆

它是指至少具有四个车轮的载客机动车辆，根据乘员数或座位数、最大设计总质量等分为 M_1、M_2和 M_3三类。其中 M_2、M_3类车辆根据乘员数及对乘员的要求，又可分为 A 级、B 级、I 级、Ⅱ级和Ⅲ级。

3. N 类车辆

它是指至少有四个车轮且用于载货的机动车辆，根据最大设计总质量分为 N_1、N_2和 N_3三类。

4. O 类车辆

它是指包括半挂车在内的挂车，根据最大设计总质量分为 O_1、O_2、O_3和 O_4四类。

5. G 类车辆

它是指满足要求的 M 类、N 类越野车。

§1—3 汽车识别代号

学习目标

1. 了解车辆识别代号编码。
2. 了解车辆常见识别代号编码的位置。

一、车辆识别代号

车辆识别代号（Vehicle Identification Number，VIN）是汽车制造厂为了识别一辆汽车而给定的一组字码，由字母和阿拉伯数字组成，共 17 位，又称 17 位识别代号编码。

根据道路车辆车辆识别代号（VIN）（GB 16735－2004），对于年产量≥500 辆的制造厂，车辆识别代号由世界制造厂识别代号（WMI）、车辆说明部分（VDS）、车辆指示部分（VIS）三部分组成，如图 1—12 所示。

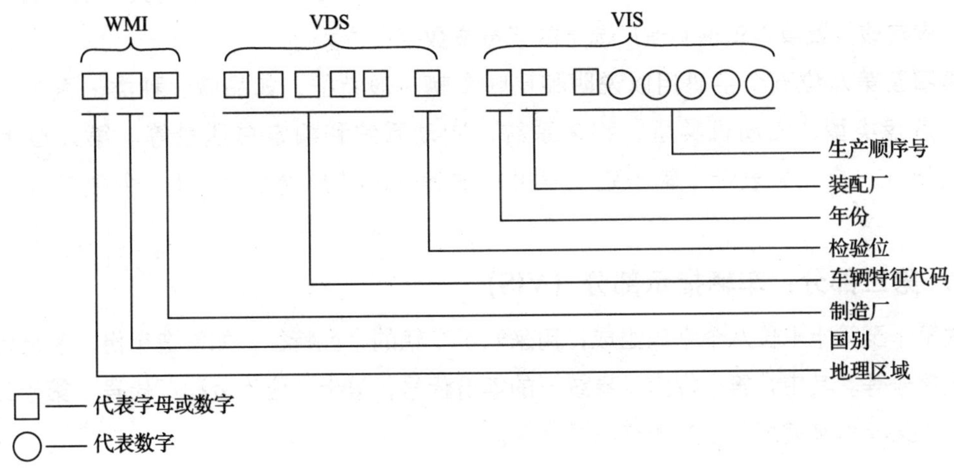

图 1—12　年产量≥500 辆的制造厂的汽车识别代号组成

对于年产量<500 辆的制造厂，第一部分为世界制造厂识别代号（WMI），第二部分为车辆说明部分（VDS），第三部分的第三、四、五位字码将与第一部分的三位字码一起作为世界制造厂识别代号（WMI），其余五位为车辆指示部分（VIS），如图 1—13 所示。

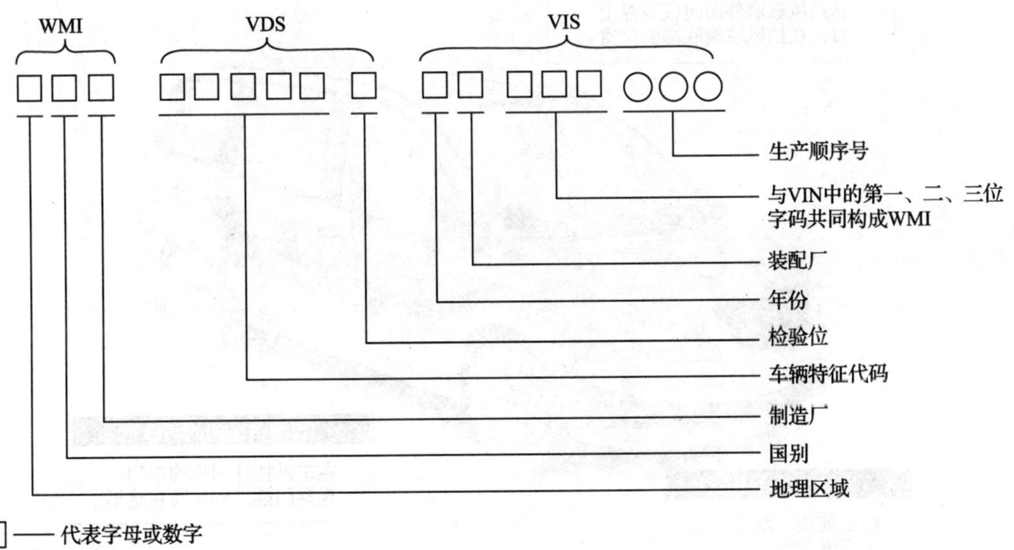

图 1—13　年产量<500 辆的制造厂的汽车识别代号组成

1. 第一部分：世界制造厂识别代号（WMI）

世界制造厂识别代号（WMI）由第一至第三位三个字码组成，是为识别世界上每一个制造厂而指定给该制造厂的一个代号。第一位字码是标明一个地理区域的字母或数字，第二位字码是标明一个特定地区内的一个国家的字母或数字，第三位字码是标明某个特定的制造厂的字母或数字。

2. 第二部分：车辆说明部分（VDS）

由六位字码组成（即 VIN 的第四至第九位）。如果车辆制造厂不使用其中的一位或几位字码，应在该位置填入车辆制造厂选定的字母或数字占位。

第四至第八位五个字码用以说明和反映车辆一般特征，如品牌、种类、系列、车身类型、底盘类型、发动机类型、约束系统、制动系统和额定总质量等。第九位为检验位，应填入一个用来表示车辆识别代号书写准确性的“检验数字”（一个数字或一个字母 X）。

3. 第三部分：车辆指示部分（VIS）

由第十至第十七位八个字码组成，用来表示车辆的个性特征，如制造年份、装配地点和生产顺序号等。其中，第十位为世界统一的年份代号，第十一位为装配厂代号；第十二至第十七位为某年份某装配厂生产的产品顺序号。

二、车辆识别代号的位置

车辆识别代号的常见位置如图 1—14 所示。

图 1—14 车辆常见识别代号的位置

(1) 除挂车和摩托车外，在门铰链柱、门锁柱或与门锁柱接合的门边之一的柱子上，接近于驾驶员座位的地方；固定在仪表板的左侧靠近驾驶员座位的地方。

(2) 我国汽车的 VIN 大多可以在仪表板左侧、风挡玻璃下面找到，如图 1—15 所示。

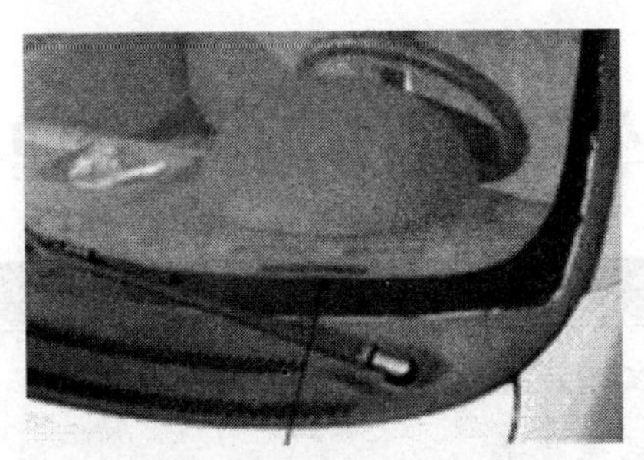

图 1—15　国产轿车 VIN 位置

(3) 机动车行驶证上一般都打印有 VIN。

(4) 发动机室内的铭牌上、保险单等。

第二章　发　动　机

§2—1　汽车发动机的工作原理及总体构造

学习目标

1. 了解汽车发动机的工作原理。
2. 掌握汽车发动机的总体构造。

发动机是将其他形式的能量转变为机械能的机器。现代汽车发动机主要采用四冲程往复活塞式内燃机。它具有功率大、热效率高、体积小、重量轻、操作简单、便于移动、起动性好等优点。

一、发动机的分类

1. 按照燃料不同分类

按照所使用燃料的不同分为汽油机和柴油机（图 2—1）。使用汽油为燃料的内燃机称为汽油机，使用柴油为燃料的内燃机称为柴油机。

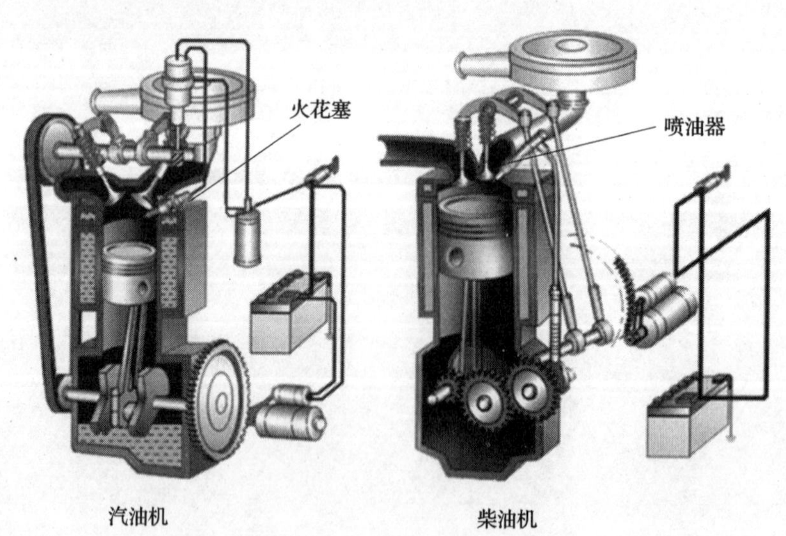

图 2—1　按照燃料不同分类

2. 按照一个工作循环所需的行程数分类

在气缸内进行的每一次将燃料燃烧的热能转化为机械能的过程称为工作循环。按照完成一个工作循环所需的行程数（冲程数）分为四冲程内燃机和二冲程内燃机（图 2—2）。把曲轴转两圈（720°），活塞在气缸内上下往复运动四个行程，完成一个工作循环的内燃机称为四冲程内燃机；而把曲轴转一圈（360°），活塞在气缸内上下往复运动两个行程，完成一个工作循环的内燃机称为二冲程内燃机。汽车发动机广泛使用四冲程内燃机。

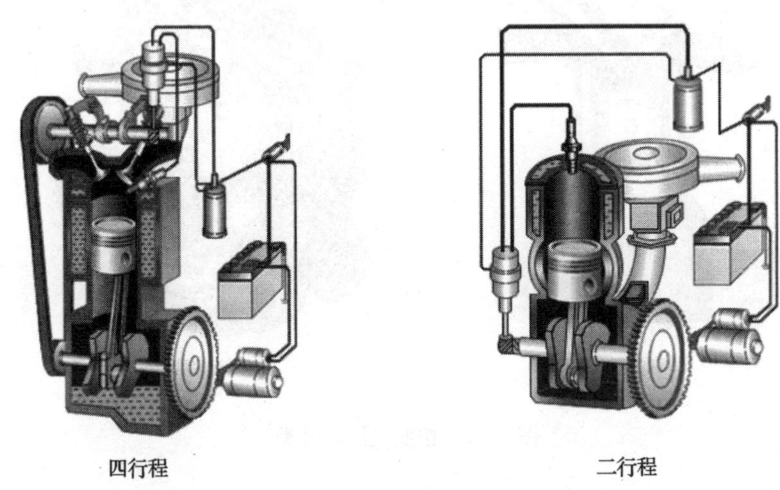

图 2—2 按照一个工作循环所需的行程数分类

3. 按照冷却方式分类

按照冷却方式不同分为水冷发动机和风冷发动机（图 2—3）。水冷发动机是利用在气缸体和气缸盖冷却水套中进行循环的冷却液作为冷却介质进行冷却的；而风冷发动机是利用流动于气缸体与气缸盖外表面散热片之间的空气作为冷却介质进行冷却的。

图 2—3 按照冷却方式分类

4. 按照气缸数分类

按照气缸数目不同分为单缸发动机和多缸发动机（图 2—4）。仅有一个气缸的发动机称为单缸发动机；有两个以上气缸的发动机称为多缸发动机，如双缸、三缸、四缸、五缸、六缸、八缸、十二缸等都是多缸发动机。现代车用发动机多采用四缸、六缸、八缸发动机。

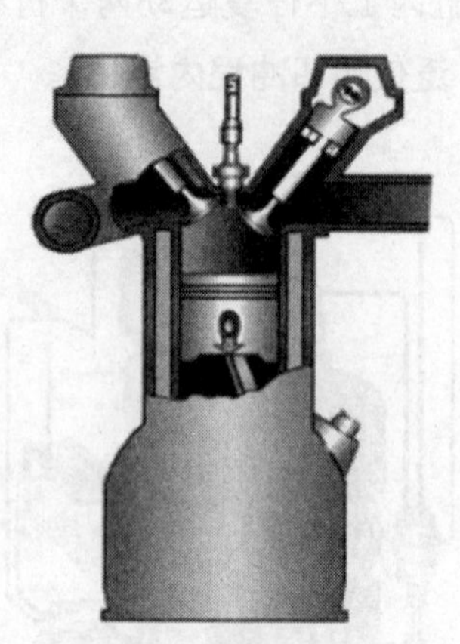
单缸发动机

多缸发动机

图 2—4　按照气缸数分类

5. 按照气缸排列方式分类

按照气缸排列方式不同可以分为单列式和双列式（图 2—5）。单列式发动机的各个气缸排成一列，一般是垂直布置的，但为了降低高度，有时也把气缸布置成倾斜的甚至水平的。双列式发动机把气缸排成两列，若两列之间的夹角小于 180°（一般为 90°），称为 V 形发动机，若两列之间的夹角等于 180°，称为对置式发动机。

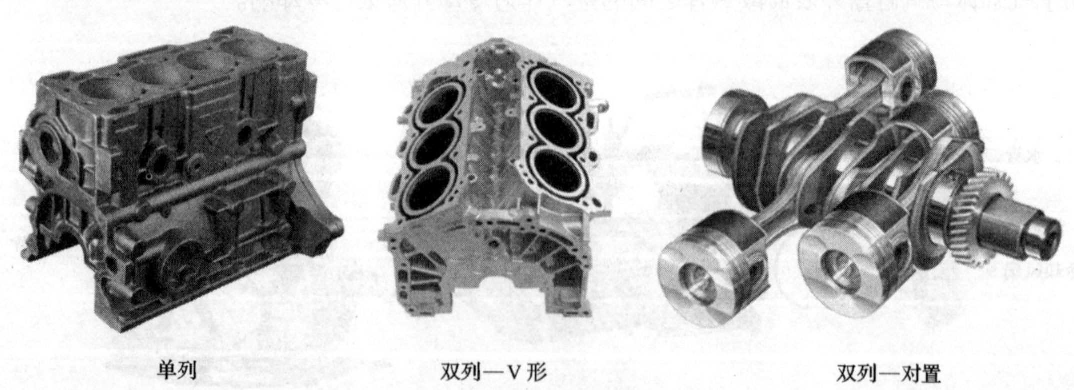
单列　　双列—V 形　　双列—对置

图 2—5　按照气缸排列方式分类

6. 按照进气方式分类

按照进气系统是否采用增压方式可以分为自然吸气（非增压）发动机和强制进气（增压）发动机。

二、发动机基本术语

为了便于后面的学习，这里先介绍一些发动机基本术语，如图 2—6 所示。

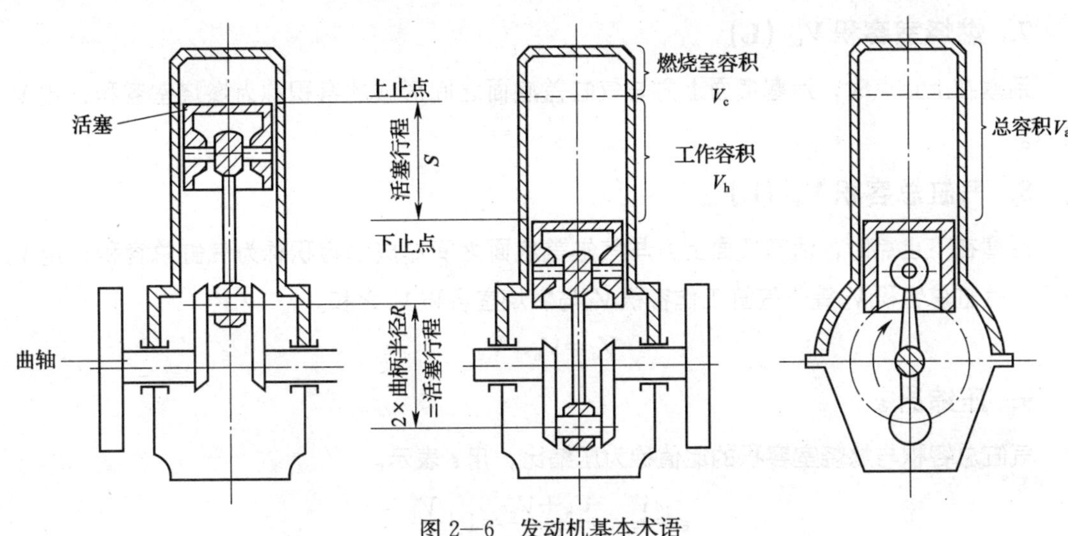

图 2—6　发动机基本术语

1. 上止点

活塞离曲轴回转中心最远处时，活塞顶面所对应的位置称为上止点，即活塞顶部上行到最高点的位置。此时，活塞的运动速度为零。

2. 下止点

活塞离曲轴回转中心最近处时，活塞顶面所对应的位置称为下止点，即活塞顶部下行到最低点的位置。此时，活塞的运动速度为零。

3. 活塞行程 *S*（mm）

活塞由一个止点运动到另一个止点的距离称为活塞行程，用 S 表示。

4. 曲柄半径 *R*（mm）

曲轴上曲柄销的中心线（连杆轴颈轴线）到曲轴回转中心线（主轴颈轴线）的距离称为曲柄半径，用 R 表示。活塞行程等于两倍的曲柄半径，即 $S=2R$。

5. 气缸工作容积 V_h（L）

活塞从一个止点运动到另一个止点所扫过的容积称为气缸工作容积，用 V_h表示。气缸工作容积 V_h可用下式计算：

$$V_h=\frac{\pi D^2 S}{4\times10^6}\ (\mathrm{L})$$

式中：D——气缸直径，mm；

　　S——活塞行程，mm。

6. 发动机排量 V_L（L）

多缸发动机中，各气缸工作容积之和称为发动机工作容积，即发动机排量，用 V_L表示。

$$V_L=V_h i\ (\mathrm{L})$$

式中：i——气缸数。

7. 燃烧室容积 V_c (L)

活塞在上止点时，活塞顶面上方与气缸盖底面之间形成的容积称为燃烧室容积，用 V_c 表示。

8. 气缸总容积 V_a (L)

活塞在下止点时，活塞顶面上方与气缸盖底面之间形成的容积称为气缸总容积，用 V_a 表示。气缸总容积 V_a 等于气缸工作容积 V_h 与燃烧室容积 V_c 之和。

$$V_a = V_h + V_c$$

9. 压缩比 ε

气缸总容积与燃烧室容积的比值称为压缩比，用 ε 表示。

$$\varepsilon = \frac{V_a}{V_c} = \frac{V_h + V_c}{V_c} = 1 + \frac{V_h}{V_c}$$

压缩比表示活塞由下止点运动到上止点时，气缸内的气体被压缩的程度。压缩比越大，气体的体积被压缩得越小，压缩终了时气体的压力和温度就越高，发动机燃烧后产生的作用力就越大，发动机的功率也越大，但过大的压缩比会影响发动机的正常工作。因此，汽油机的压缩比一般在 6～10 之间，柴油机的压缩比一般在 16～22 之间。

三、单缸四冲程汽油机的基本工作原理

汽车发动机构造复杂，零部件有成千上万个，但基本结构都由多个单缸机组成。所以下面先来分析单缸四冲程汽油机的基本工作原理。

单缸四冲程汽油机的气缸盖上装有火花塞，并制有进、排气道，通过进、排气门控制其开闭。气缸盖上还装有电控喷油器。电控喷油器喷出的汽油与空气按一定比例混合进入气缸，被上行的活塞压缩，经火花塞点火燃烧，气体燃烧产生的热能推动活塞下行，并通过连杆将力传给曲轴，使曲轴转动，曲轴将力矩输出（图 2—7）。

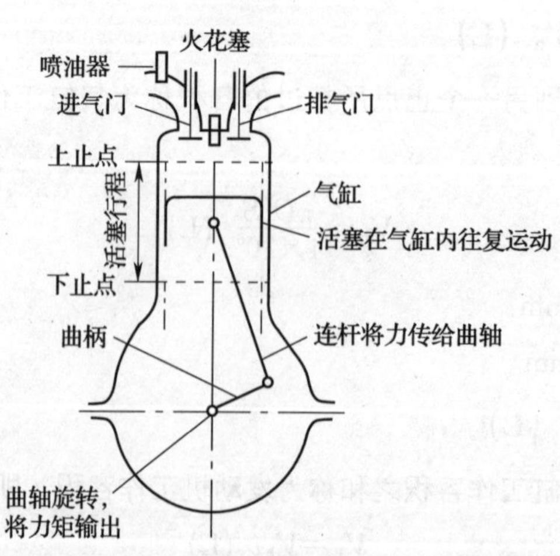

图 2—7 单缸四冲程汽油机的基本工作原理

四冲程汽油机的一个工作循环包括四个行程，即进气行程→压缩行程→做功行程→排气行程。曲轴转两圈，活塞上下往复四个行程完成一个工作循环（表 2—1）。发动机的工作循环周而复始，不断将热能转化为机械能，连续将动力输出。

表 2—1　　四冲程汽油机的工作原理

工作行程	工作原理	图示
进气行程	活塞从上止点向下止点运动，排气门关闭，进气门打开。进气过程开始，活塞下移，气缸内容积增大，压力减小，当压力低于大气压时，在气缸内产生真空吸力，空气和汽油的混合气体通过进气门进入气缸，在气缸内进一步形成混合气	排气门　进气门
压缩行程	曲轴继续旋转，活塞从下止点向上止点运动，这时进气门和排气门都关闭，气缸内形成封闭容积，可燃混合气受到压缩，压力和温度不断升高，当活塞到达上止点时压缩行程结束	排气门　进气门
做功行程	当活塞位于压缩行程接近上止点位置时，火花塞产生电火花点燃可燃混合气，可燃混合气燃烧后放出大量的热使气缸内气体温度和压力急剧升高，高温高压气体膨胀，推动活塞从上止点向下止点运动，通过连杆使曲轴旋转并输出机械功	排气门　进气门

续表

工作行程	工作原理	图示
排气行程	当做功接近终了时，排气门开启，进气门仍然关闭，靠废气的压力先进行自由排气，活塞到达下止点再向上止点运动时，继续把废气强制排出到大气中去，活塞越过上止点后，排气门关闭，排气行程结束	排气门 进气门

四、单缸四冲程柴油机的基本工作原理

四冲程柴油机的活塞、曲轴的运动与汽油机相同，但工作循环有所不同（图 2—8）。

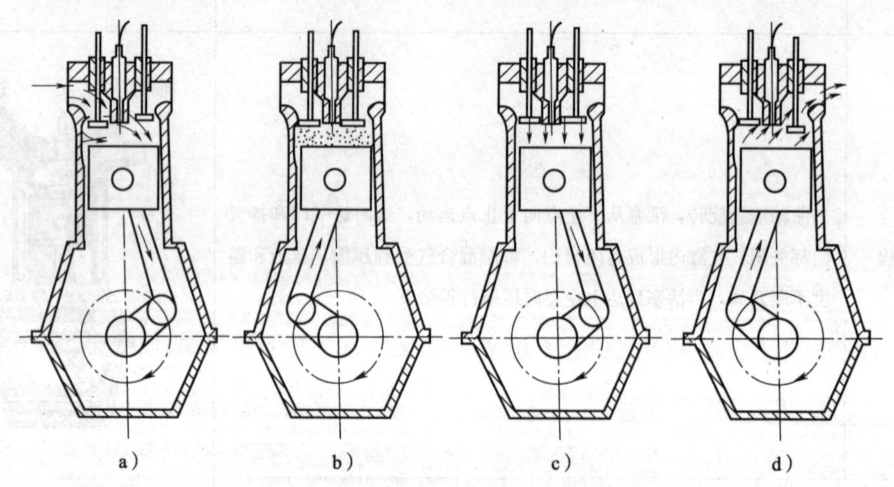

图 2—8　四行程柴油机的工作原理

a）进气行程　b）压缩行程　c）做功行程　d）排气行程

柴油机在进气行程中吸入纯空气，压缩行程中压缩纯空气，在压缩行程终了时，安装在气缸盖上的喷油器将经喷油泵加压的高压柴油以雾状喷入气缸内的高温高压空气中，柴油与空气迅速混合燃烧，推动活塞做功。

由此可见，柴油机着火方式为压燃式，没有火花塞，其燃料供给系与汽油机也有较大区别。

五、多缸发动机的结构特点

现代发动机都采用多缸发动机，如四缸、六缸、八缸等。多缸发动机有多个结构相同的气缸，共用一个缸体，共用一根曲轴，曲轴上曲拐布置使各缸做功行程均匀布置在曲轴转角

内，使发动机的功率符合使用要求，且运转平稳。

四冲程直列四缸发动机发火间隔角为 720°/4=180°。四个曲拐布置在同一平面内，相邻两工作缸曲拐夹角为 180°，曲轴每转 180°就有一个气缸做功。发火次序有两种可能的排列法，即 1—2—4—3（图 2—9）或 1—3—4—2。

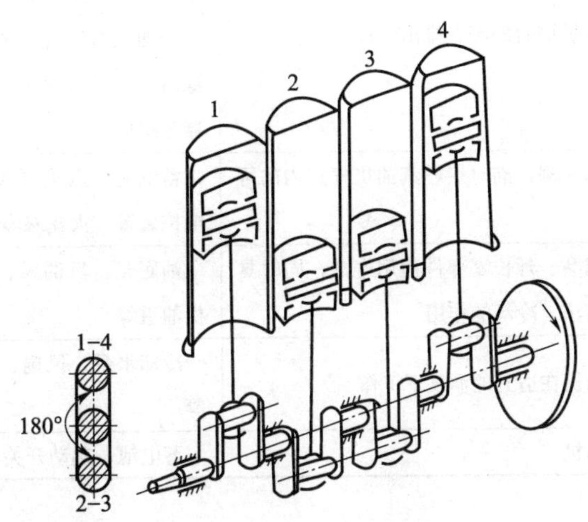

（发火次序：1—2—4—3）

曲轴转角（°）	第一缸	第二缸	第三缸	第四缸
0～180	做功	压缩	排气	进气
180～360	排气	做功	进气	压缩
360～540	进气	排气	压缩	做功
540～720	压缩	进气	做功	排气

图 2—9　四缸发动机工作循环

六、发动机总体构造

四冲程汽油机由安装在一个机体上的两大机构、五大系统组成。四冲程柴油机由两大机构、四大系统组成（与汽油机相比无点火系）。发动机的各个机构及系统相互配合、协调工作，源源不断地输出机械能。发动机的总体构造见表 2—2。

表 2—2　　发动机的总体构造

名称	功用	主要部件
曲柄连杆机构	将燃料燃烧时产生的热量转变为活塞往复运动的机械能，再通过连杆将活塞的往复运动变为曲轴的旋转运动而对外输出动力	气缸体、曲轴箱、活塞、连杆、曲轴、飞轮等
配气机构	定时开、闭气门，使可燃混合气或空气及时充入气缸并及时从气缸排出废气	进气门、排气门、气门弹簧、挺柱、推杆、摇臂、凸轮轴及凸轮轴正时齿轮等

续表

名称	功用	主要部件
燃料供给系统	按照发动机要求，定时、定量供给所需要的燃料，并将燃烧后的废气排出气缸	汽油机由空气滤清器、汽油箱、输油泵、燃油滤清器、压力调节器、各种传感器、电控喷油器、电控单元、排气消声器等组成 柴油机由空气滤清器、柴油箱、输油泵、燃油滤清器、高压油泵、调速器、喷油器、排气消声器等组成
点火系统	按规定的时刻，准时点燃汽油机气缸内的可燃混合气	蓄电池、点火开关、点火线圈组件、传感器、电控装置、火花塞等
润滑系统	润滑、减磨、延长零部件使用寿命，同时具有密封、清洁、冷却的作用	油底壳、机油泵、机油滤清器、机油压力表、机油道等
冷却系统	保持发动机在适宜的温度下工作	冷却水泵、风扇、节温器、散热器、冷却水道等
起动系统	起动发动机	蓄电池、起动开关、起动电动机等

§2—2　曲柄连杆机构

学习目标

1. 掌握曲柄连杆机构的作用。
2. 掌握曲柄连杆机构各主要零部件的作用、结构及工作原理。

曲柄连杆机构的功用是：把燃气作用在活塞顶上的力转变为曲轴的转矩，向工作机械输出机械能。

曲柄连杆机构由机体组、活塞连杆组、曲轴飞轮组三部分组成，如图 2—10 所示。

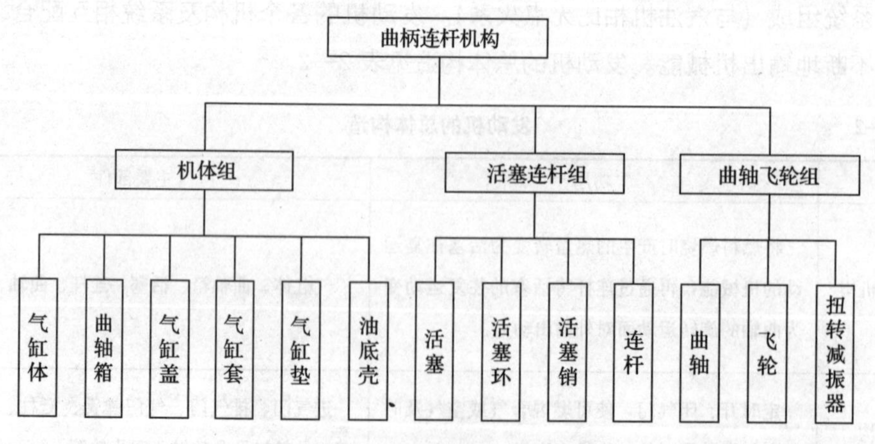

图 2—10　曲柄连杆机构的组成框图

一、机体组

1. 气缸体（图 2—11）和曲轴箱

气缸体是装配基体，气缸体上半部有若干个为活塞在其中运动导向的圆柱形空腔，称为气缸。下半部为支承曲轴的曲轴箱，其内腔为曲轴运动的空间。气缸体和曲轴箱通常制成一体，由灰铸铁或铝合金铸造而成。

气缸体内部铸有冷却水套和润滑油道，还铸有很多加强筋，以增加其刚度和强度。气缸是活塞运动和燃烧做功的主要场所，现代汽车发动机广泛采用在气缸体内镶入气缸套，形成气缸工作表面。

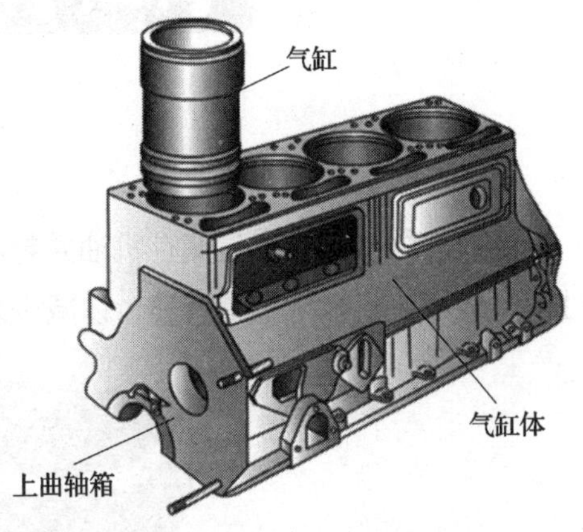

图 2—11　气缸体

2. 气缸盖（图 2—12）

气缸盖的主要功用是封闭气缸上部，并与活塞顶部和气缸壁共同构成燃烧室。气缸盖上加工有进、排气门座孔，气门导管孔，缸盖螺栓孔，进、排气通道和燃烧室（或燃烧室的一部分）等。气缸盖内也有冷却水套，且与气缸体上的冷却水套相通；风冷发动机气缸盖上铸有散热片。汽油机气缸盖上有安装火花塞的螺孔，柴油机气缸盖上则有安装喷油器的座孔。上置凸轮轴式发动机的气缸盖上还有用来安装凸轮轴的轴承座及其润滑油道。

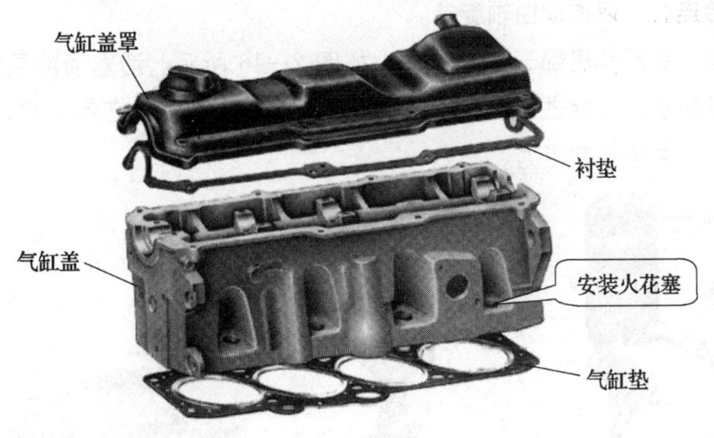

图 2—12　气缸盖

3. 气缸垫（图 2—13）

气缸垫安装在缸体与缸盖之间，用来保证气缸体与气缸盖之间的密封，防止漏气、漏水和漏油。

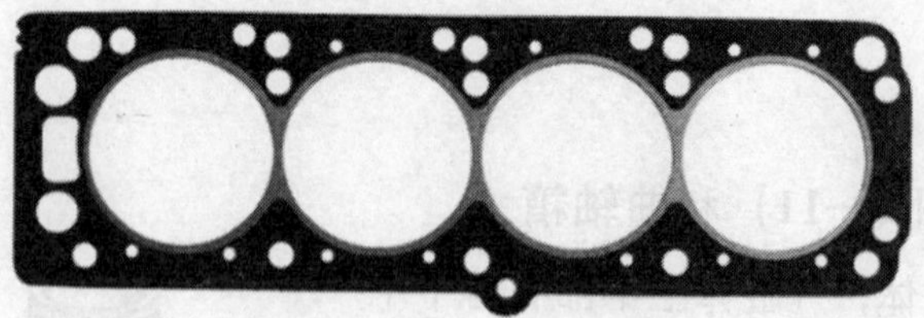

图 2—13　气缸垫

4. 油底壳（图 2—14）

油底壳的主要功用是储存机油并封闭曲轴箱。油底壳底部装有放油塞。有的放油塞是磁性的，能吸集机油中的金属屑，以减少发动机运动零件的磨损。

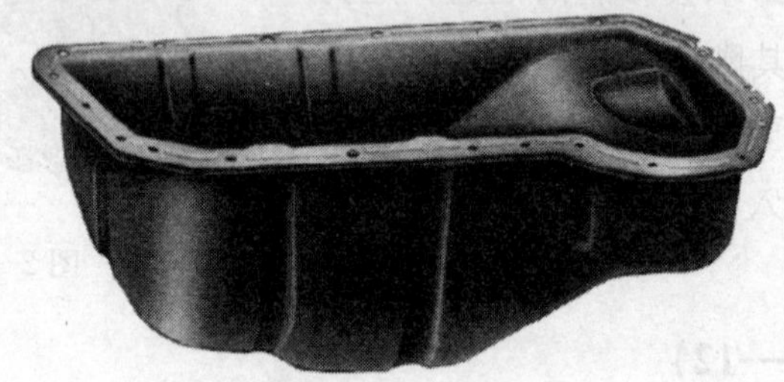

图 2—14　油底壳

二、活塞连杆组

活塞连杆组由活塞、活塞环、活塞销、连杆等机件组成，如图 2—15 所示。

1. 活塞

活塞一般采用高强度铝合金制造，与气缸盖共同构成燃烧室，承受气体压力，并将此力通过活塞销传给连杆，以推动曲轴旋转。

活塞由顶部、头部和裙部三部分组成，如图 2—16 所示。活塞顶部是燃烧室的组成部分，加工成各种形状，以促进可燃混合气的形成与燃烧。头部加工有环槽，以安装活塞环。裙部起导向作用，并承受气压力。

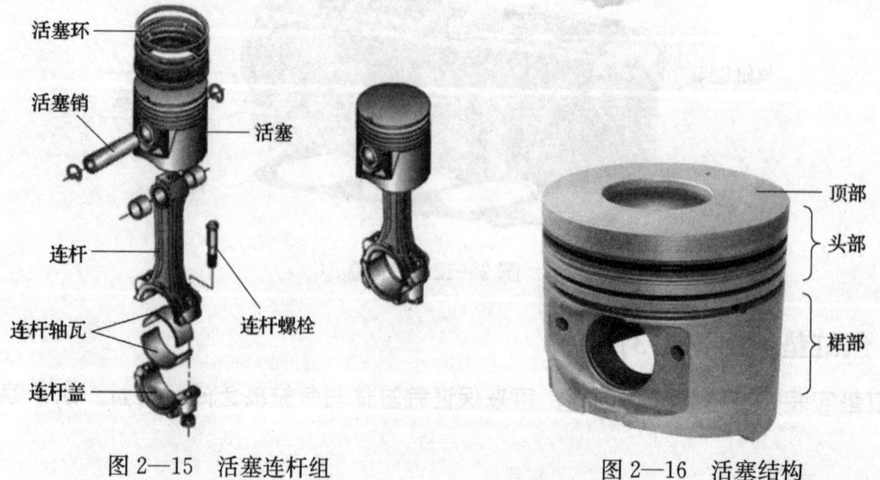

图 2—15　活塞连杆组　　　图 2—16　活塞结构

2. 活塞环

活塞环按其功用可分为气环和油环两类，如图 2—17 所示。

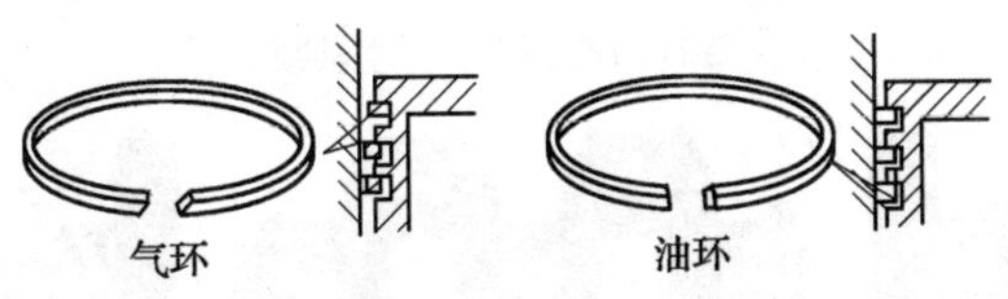

图 2—17 活塞环

气环用来保证活塞与气缸壁间的密封，防止漏气，同时还将活塞顶部的大部分热量传导到气缸壁，再由冷却水或空气带走。一般发动机上每个活塞装有 2～3 道气环。

油环用来刮除气缸壁上多余的机油，并在气缸壁上布置一层均匀的油膜，这样既可以防止机油窜入气缸燃烧，又可以减小活塞、活塞环与气缸的磨损和摩擦阻力。此外，油环也起到密封的辅助作用。通常发动机有 1～2 道油环。

3. 活塞销

活塞销连接活塞和连杆小头，将活塞承受的气压传给连杆。

4. 连杆

连杆的功用是将活塞承受的力传给曲轴，推动曲轴转动，从而使活塞的往复运动转变为曲轴的旋转运动。

连杆由小头、杆身和大头（包括连杆盖）三部分组成，如图 2—18 所示。连杆小头用来安装活塞销，以连接活塞。连杆小头内压有减磨衬套。连杆大头与曲轴的连杆轴颈相连，为便于安装，连杆大头一般做成剖分式的，被分开的部分称为连杆盖，用特制的连杆螺栓紧固在连杆大头上。连杆大头孔中装有两个半圆的薄壁连杆轴瓦，以减少摩擦，延长其使用寿命。

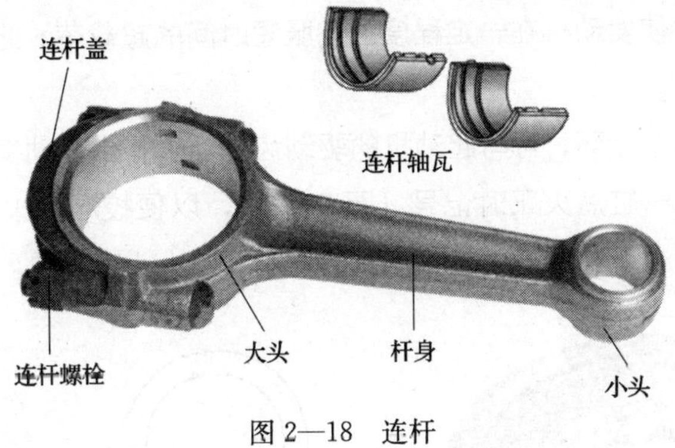

图 2—18 连杆

三、曲轴飞轮组

1. 曲轴

曲轴承受连杆传来的力，使其绕本身轴线旋转，然后通过飞轮输出力矩。另外，它还用来驱动发动机的配气机构及其他辅助装置。

曲轴一般由主轴颈、连杆轴颈、曲柄、平衡重、前端和后端等组成，如图 2—19 所示。一个连杆轴颈和它两端的曲柄及相邻两个主轴颈构成一个曲拐。

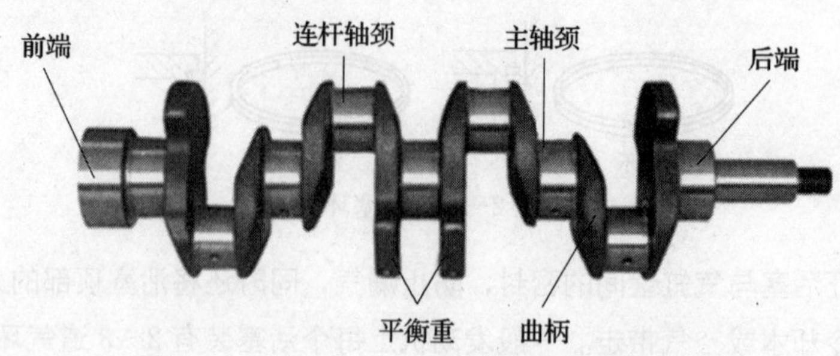

图 2—19　曲轴的组成

曲轴前端是第一道主轴颈之前的部分，其上装有驱动配气凸轮轴的正时齿轮、驱动风扇和水泵的带轮。为了防止机油沿曲轴轴颈外漏，在曲轴前、后端通常装有甩油盘和油封。

止推垫片安装在曲轴前端或中后部主轴承上，对曲轴进行轴向定位，防止其轴向窜动，影响曲柄连杆机构各零件的正确位置。

连杆轴颈和主轴颈上钻有油孔，并通过斜向油孔相通，再与机体的主油道相连通，从而对轴颈及轴承进行润滑。

在中、小型发动机的曲轴前端还装有起动爪，以便必要时用人力转动曲轴，使发动机起动。

2. 飞轮

飞轮是中间薄而轮缘厚的圆盘（图 2—20），转动惯量较大。其主要功用是利用做功冲程的惯性力，克服其他冲程的阻力，带动活塞越过上、下止点，保证曲轴的旋转角速度和输出扭矩尽可能均匀，并使发动机在一定程度上克服短时间的超载荷。此外，飞轮也往往用作摩擦式离合器的驱动件。

飞轮外缘上压有一个齿环，可与起动机的驱动齿轮啮合，供起动发动机使用。

飞轮上通常刻有第一缸点火正时记号（图 2—21），以便校准点火时间。当这个记号与飞轮壳上的刻线对正时，即表示第一缸和末缸的活塞处在上止点位置。

图 2—20　飞轮

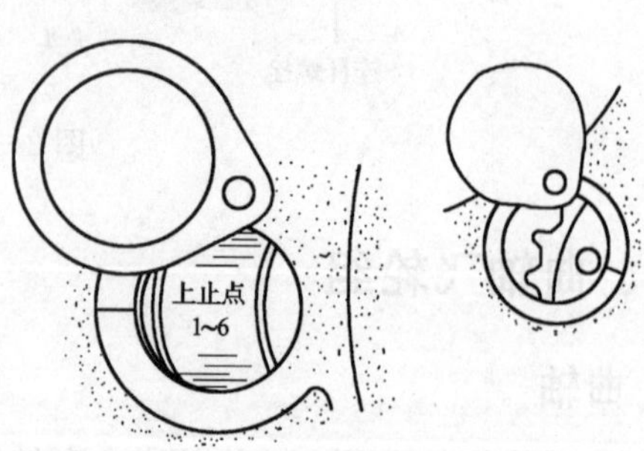

图 2—21　点火正时记号

§2—3　配　气　机　构

学习目标

1. 了解配气机构的功用。
2. 掌握配气机构的组成及工作原理。
3. 了解配气相位的基本概念。

一、配气机构的功用

配气机构的功用是按照发动机每一气缸内所进行的工作循环或发火顺序的要求，定时开启和关闭各气缸的进、排气门，使新鲜可燃混合气（汽油机）或空气（柴油机）得以及时进入气缸，废气得以及时从气缸排出。

配气机构的布置形式按凸轮轴的位置可以分为：凸轮轴下置式、凸轮轴中置式和凸轮轴顶（上）置式（图 2—22）；按传动方式可以分为：齿轮传动、链传动和正时带（也称同步带）传动（图 2—23）。其中，凸轮轴上置式配气机构在现代汽车发动机上应用日益广泛，传动方式一般为正时带传动或链传动。

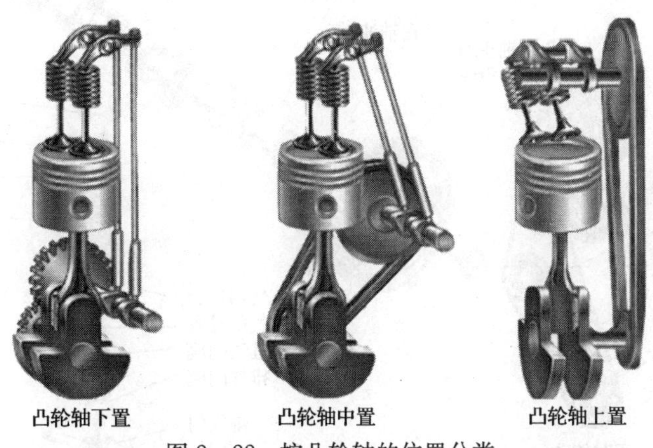

图 2—22　按凸轮轴的位置分类

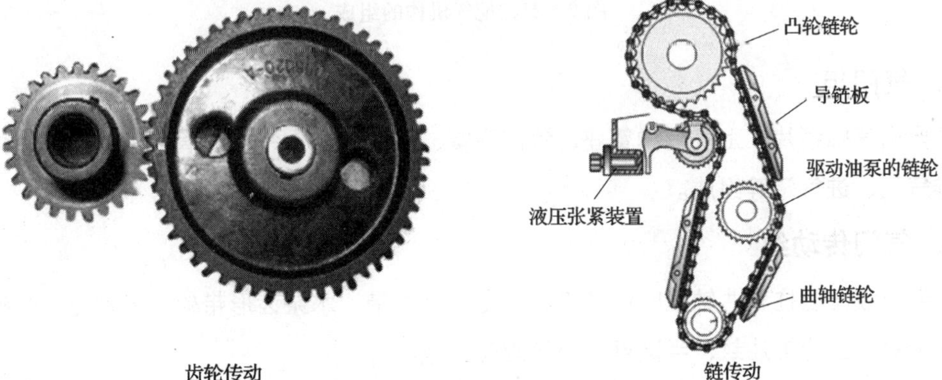

正时带传动

图 2—23　按凸轮轴传动方式分类

二、配气机构的组成

配气机构主要由气门组和气门传动组两部分组成，如图 2—24 所示。

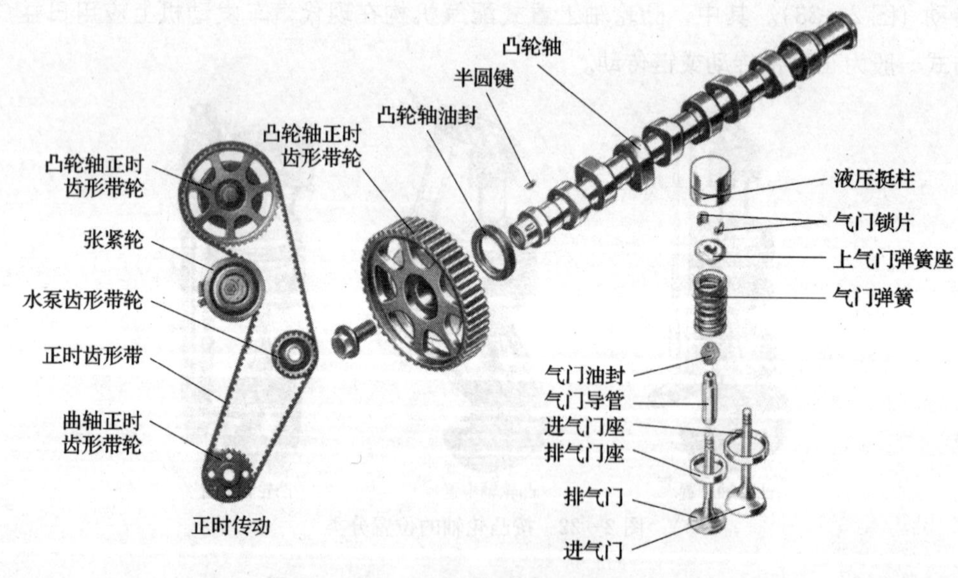

图 2—24　配气机构的组成

1. 气门组

主要由气门锁片、上气门弹簧座、气门弹簧、气门油封、气门导管、进气门座、排气门座、排气门、进气门等组成。

2. 气门传动组

主要由液压挺柱、曲轴正时齿形带轮、正时齿形带、水泵齿形带轮、张紧轮、凸轮轴正时齿形带轮、凸轮轴油封、半圆键、凸轮轴等组成。

三、配气机构的工作原理

发动机工作时，曲轴通过正时带轮及齿形带驱动凸轮轴旋转。当凸轮轴转到凸轮的凸起部分时，顶下挺柱，挺柱压缩气门弹簧，使气门离座，即气门开启。当凸轮凸起部分滑过挺柱后，气门便在气门弹簧力作用下上升而落座，即气门关闭。

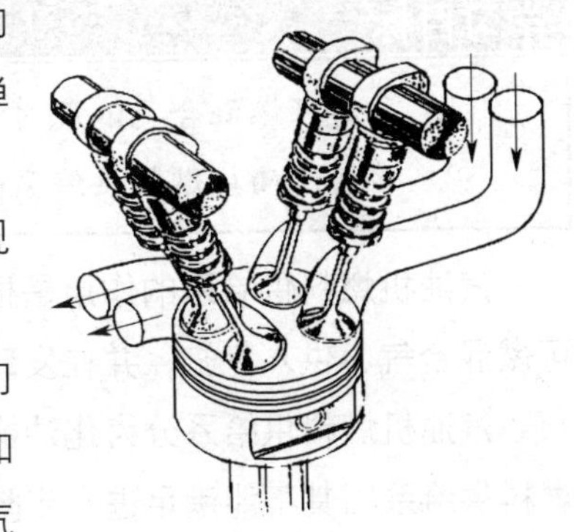

图 2—25　四气门

凸轮的轮廓决定了气门的升程及升降过程的运动规律。

为提高充气效率，在很多汽车发动机上采用了多气门结构。如每缸四气门的结构（图 2—25），即两个进气门和两个排气门。两根凸轮轴分别驱动进、排气门。采用四气门后还可适当减小气门升程，改善配气机构的动力性，四气门汽油机还有利于改善排放性能。

四、配气相位

配气相位是用曲轴转角表示的进、排气门的实际开闭时刻和开启的持续时间。用曲轴转角的环形图来表示配气相位，这种图形称为配气相位图，如图 2—26 所示。

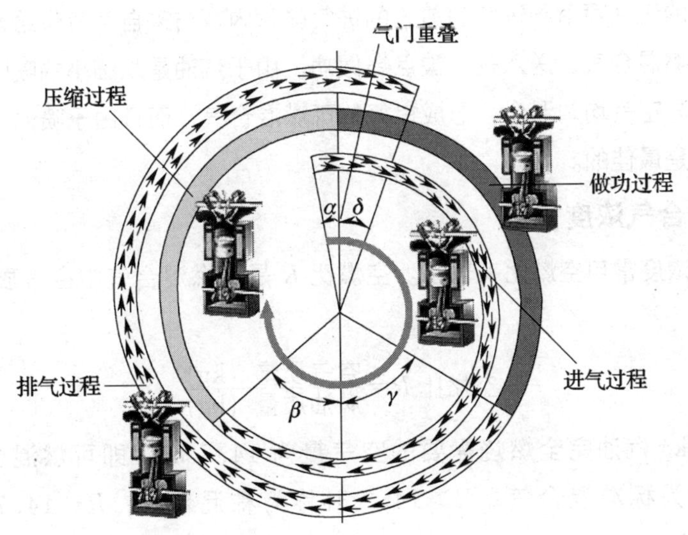

图 2—26　配气相位图

为了使发动机进气充分、排气彻底，进气门应在活塞上止点前开启而在下止点后关闭；同样，排气门应在下止点前开启而在上止点后关闭。配气相位角包括进气提前角（α）、进气迟闭角（β）、排气提前角（γ）、排气迟闭角（δ）、气门重叠角（$\alpha+\delta$）。使用中配气机构零部件的磨损、变形或安装、调整不当，都会使配气相位产生变化，因此，应定期进行检查和调整。

§2—4 汽油机燃料供给系

学习目标

1. 了解可燃混合气浓度对汽油机工作的影响。
2. 掌握汽油机燃料供给系的组成及零部件的作用及结构。

汽油机燃料供给系的作用是根据发动机各种不同工况的要求，配制出一定数量和浓度的可燃混合气，供入气缸，并在发动机做功完毕后将废气排出。

汽油机燃料供给系分为化油器式燃料供给系和电控喷射式燃料供给系两大类。化油器式燃料供给系因其不能满足进一步降低污染和提高动力性、经济性的要求，现已淘汰；电控喷射式燃料供给系是通过电子控制装置将汽油喷射到相应气缸进气门前方的进气歧管上，形成可燃混合气并进入气缸燃烧的，是目前应用最广泛的可燃混合气供给装置。

一、可燃混合气浓度对汽油机工作的影响

1. 可燃混合气的形成过程

电控喷射式燃料供给系混合气的形成是在进气管或气缸中进行的。喷油器将来自供油系统具有一定压力的汽油喷射到进气门前方的进气歧管内，与来自空气供给系统的新鲜空气在缸外混合形成可燃混合气，送入气缸被点燃做功。由于汽油是从细小的喷嘴喷出，可以充分雾化，所以能够与空气均匀混合，形成良好的可燃混合气；而且由于喷油量由电脑控制，所以混合气的浓度是最佳的。

2. 可燃混合气浓度

可燃混合气浓度常用空燃比来表示。空燃比 R 是可燃混合气中空气质量与燃油质量的比值。即：

$$\text{空燃比}\ R=\frac{\text{空气质量 (kg)}}{\text{燃油质量 (kg)}}$$

理论上，1 kg 汽油完全燃烧需要的空气量为 14.7 kg，即可燃混合气的空燃比为 14.7∶1 时，称为标准混合气；$R>14.7$ 时称为稀混合气；$R<14.7$ 时称为浓混合气。

另外，可燃混合气浓度还可以用过量空气系数来表示。过量空气系数 α 是指燃烧 1 kg 燃料实际供给的空气质量（kg）与理论上完全燃烧 1 kg 燃料所需要的空气质量（kg）之比。即：

$$\alpha=\frac{\text{燃烧 1 kg 燃料实际供给的空气质量}}{\text{理论上完全燃烧 1 kg 燃料所需要的空气质量}}$$

$\alpha=1$ 时，称为标准混合气；$\alpha>1$ 时，称为稀混合气；$\alpha<1$ 时，称为浓混合气。

3. 可燃混合气浓度对发动机工作的影响

可燃混合气浓度对发动机工作有着重要的影响。当可燃混合气过浓或过稀到一定程度时，发动机将不能工作。能够维持发动机运转的可燃混合气浓度 R 值为 6.5～20。当然，$R>14.7$ 时，燃料能够完全燃烧，经济性最好。

发动机输出的扭矩，需与汽车施加给发动机的阻力矩，即发动机负荷相平衡。由于发动机的扭矩是随节气门开度变化而变化的，可以用节气门的开度大小来表示负荷的大小。

节气门开度在 0～25%时，为小负荷工况。

节气门开度在 25%～85%时，为中负荷工况。

节气门开度在 85%～100%时，为大负荷和全负荷工况。

二、汽油机燃料供给系的组成

汽油机燃料供给系由进排气系统、燃油供给系统、电子控制系统组成，如图 2—27 所示。

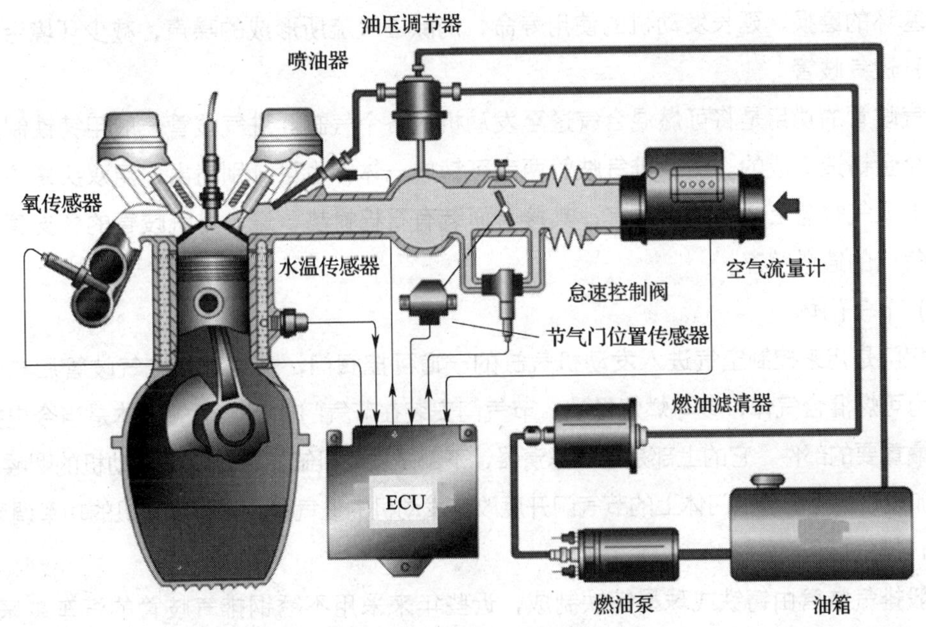

图 2—27 汽油机燃料供给系统

1. 进排气系统

进气系统的功用是尽可能多、尽可能均匀地向各缸供给可燃混合气或纯空气。进气系统由空气滤清器和进气歧管等组成。空气经空气滤清器过滤后，流过空气流量计，由进气道进入进气歧管，与喷油嘴喷出的汽油混合形成可燃混和气，经进气门进入气缸。对于柴油机来说，空气经空气滤清器过滤后，进入进气歧管，经进气门进入气缸。

排气系统的功用是尽可能多地把燃烧后的废气排出气缸。排气系统主要由排气歧管和消声器等组成。

图 2—28 所示为发动机进排气系统。

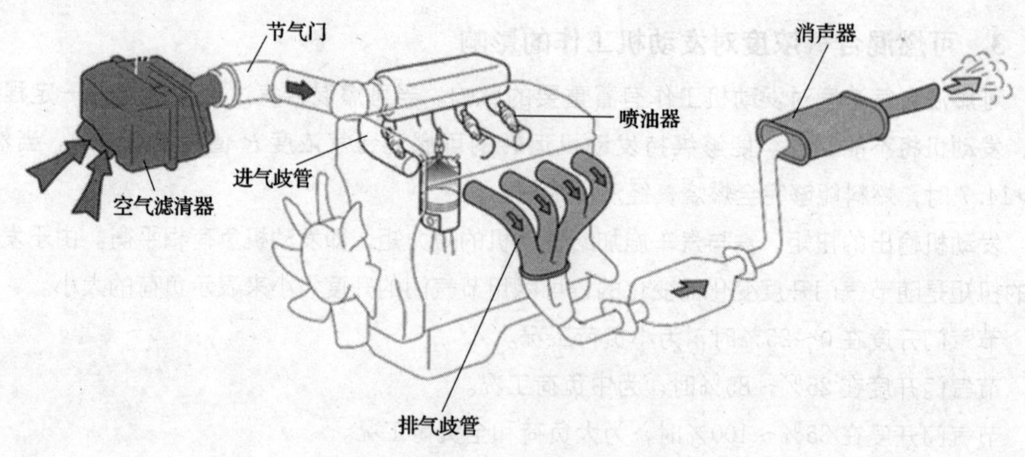

图 2—28　发动机进排气系统

(1) 空气滤清器

空气滤清器的功用是在空气进入发动机前，清除其中的尘土和沙粒，以减少气缸、活塞、活塞环的磨损，延长发动机的使用寿命，消除进气流所形成的噪声，减少环境污染。

(2) 进气歧管

进气歧管的功用是将可燃混合气送至发动机的各个气缸。进气歧管一般用铸铁制成，也有用铝合金铸造而成的。进、排气歧管两者可铸成一体，也可分别铸出，用双头螺柱固定在气缸体上或气缸盖上。为防止漏气，其接合面装有石棉衬垫，进、排气歧管的各支管分别与进、排气门的通道相连。

(3) 节气门体

节气门是用来控制空气进入发动机气缸的一道可控阀门，空气进入进气歧管后与汽油混合，成为可燃混合气体，参与燃烧做功。节气门安装在节气门体上，节气门体是当今电控发动机系统最重要的部件，它的上部是空气滤清器，下部是发动机缸体，是汽车发动机的咽喉。驾驶员通过加速踏板控制节气门体上的节气门开度改变发动机的进气量，进行发动机的功率调节。

(4) 排气歧管

一般排气歧管由铸铁或球墨铸铁制成，近些年来采用不锈钢排气歧管的汽车越来越多，其原因是不锈钢排气歧管质量轻、耐久性好，同时内壁光滑、排气阻力小。排气歧管的形状十分重要。为了不使各缸排气相互干扰及不出现排气倒流现象，并尽可能地利用惯性排气，应该将排气歧管做得尽可能的长，而且各缸歧管应该相互独立、长度相等。

(5) 消声器

消声器的功用是降低排气噪声。消声器通过逐渐降低排气压力和衰减排气压力的脉动，使排气能量耗散殆尽。

2. 燃油供给系统

燃油供给系统是用来向气缸供给燃烧所需汽油的装置，主要由油箱、电动燃油泵、燃油滤清器、喷油器、燃油压力调节器等组成，如图 2—29 所示。

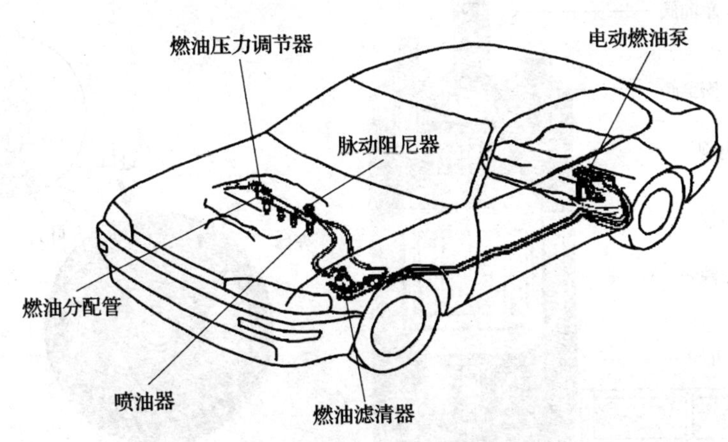

图 2—29　燃油供给系统组成示意图

燃油由电动燃油泵从油箱中泵出，经燃油滤清器滤去杂质和水分，到达安装喷油器的分配管，喷油器根据发动机 ECU 的指令，开启喷油阀，将适量的燃油喷入各进气歧管。总管中的油压由压力调节器调节，使发动机在任何工况下，燃油系统的绝对油压和进气歧管的空气压力之间的差值恒定不变，使喷油器的喷油量仅取决于喷油持续时间，保证发动机 ECU 对喷油量的精确控制。燃油系统油压过高时多余燃油经回油管流回油箱。

(1) 油箱

油箱用于储存汽油。汽车上配备油箱的常见容量一般能保证汽车行驶 300～600 km。油箱外形和安装位置主要考虑全车的合理布置和安全性，多放置在车架的左侧中部或车身的后部。

(2) 燃油滤清器

燃油滤清器用于除去汽油中的水分、固体杂质和胶质，保证燃油泵和喷油器正常工作。在汽油进入燃油泵之前，一般采用金属滤网进行第一道滤清，去除大颗粒杂质，保证燃油泵正常工作。在燃油泵与喷油器之间，装有滤清能力更强的滤清器，保证燃油的清洁。

目前多数汽车采用不可拆式滤清器。

(3) 电动燃油泵

电动燃油泵的作用是向电控燃油喷射系统提供具有一定压力的燃油。根据安装位置不同，其分为内置式和外置式。内置式燃油泵安装在油箱中，具有噪声小、不易产生气阻、不易泄漏，管路安装简单等特点；外置式燃油泵串接在油箱外部的输油管路中，易布置、安装自由大、噪声大、易产生气阻。

按电动燃油泵的结构不同，其分为涡轮式、滚柱式、转子式和侧槽式，目前常用的是涡轮式和滚柱式。

涡轮式电动汽油泵属内装泵，主要由电动机、涡轮泵、安全阀、单向阀等组成，如图 2—30 所示。

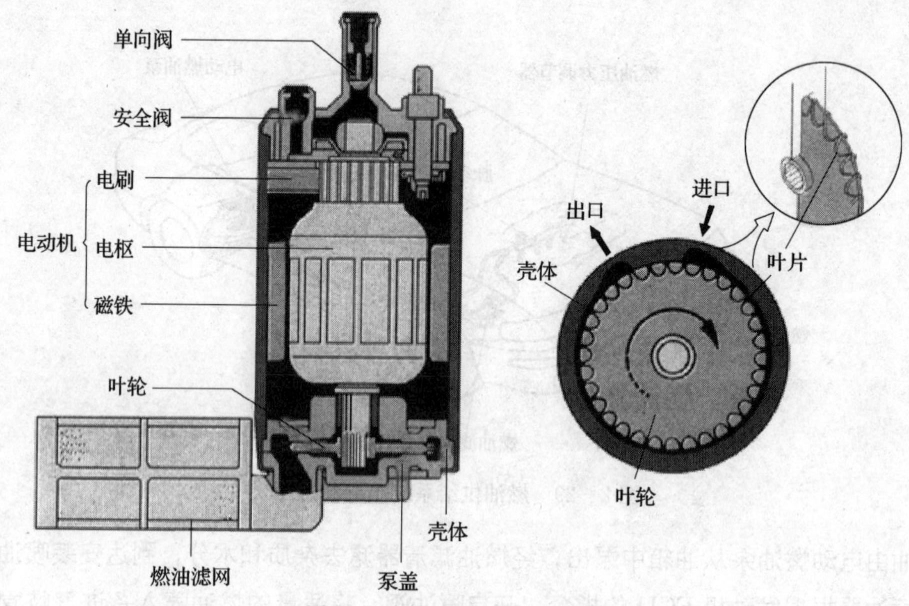

图 2—30 涡轮式电动燃油泵

滚柱式电动汽油泵属外装泵，主要由电动机、转子泵、安全阀、单向阀等组成，如图 2—31 所示。

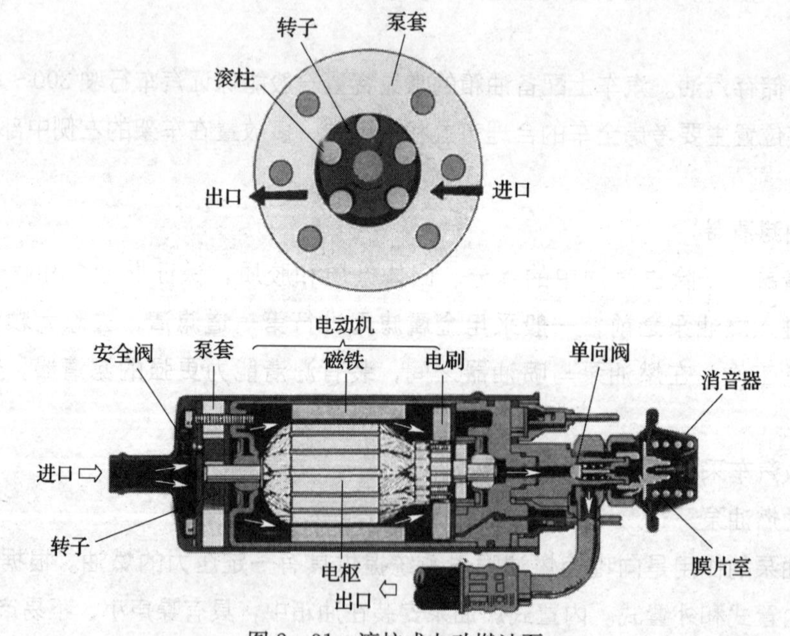

图 2—31 滚柱式电动燃油泵

(4) 喷油器

喷油器的工作是由 ECU 发出的脉冲信号控制的。通电时，喷油器喷口打开，把一定压力的汽油以雾状喷入进气管，并与空气混合，在各缸进气行程时被吸入气缸。

喷油器实际上是一个电磁阀，由针阀与衔铁制成一个整体，当 ECU 发出脉冲信号时，衔铁与针阀一起被吸起，一定压力的燃油从喷口喷出。当电磁线圈断电时，磁力消失，衔铁与针阀在弹簧的弹力下回位关闭喷口，电子控制单元输出的脉冲时间长，阀口打开时间长，喷油器喷油量大，反之喷油量小。

喷油器一般分为轴针式喷油器和球阀式喷油器两种，如图 2—32 和图 2—33 所示。

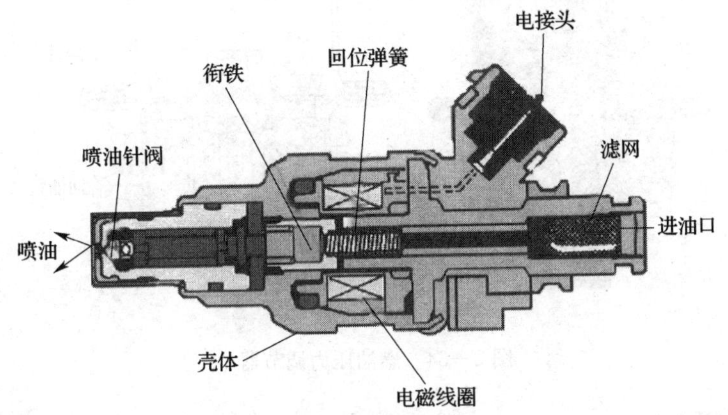

图 2—32 轴针式喷油器

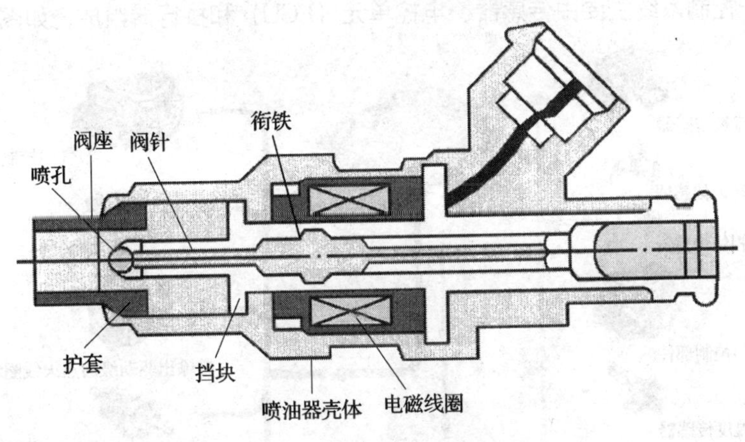

图 2—33 球阀式喷油器

(5) 冷起动喷油器

在低温下发动机冷起动时，吸入发动机的混合气一部分处于冷凝状态，混合气不易燃烧，发动机不易起动。为了避免这个缺点，必须在冷车起动时附加喷入一定的燃油，使混合气加浓易于冷车起动，冷起动喷油器就是起到该项功能。

冷起动喷油器的结构也是一个电磁阀，当点火开关和热限时开关均接通时，电磁线圈产生磁场，将阀门吸起，燃油通过旋流式喷油器以雾状喷出，进入进气管道加浓混合气。

(6) 燃油压力调节器

燃油压力调节器的作用是根据进气歧管压力的变化来调节进入喷油器的燃油压力，使两者保持恒定的压力差，从喷油器喷出的燃油量便只取决于喷油器的开启时间，使电子控制单元能通过控制喷油时间的长短来精确地控制喷油量。油压调节器一般位于分配油管（燃油导轨）的一端，它可在 250～300 kPa 范围内调节燃油压力，如图 2—34 所示。

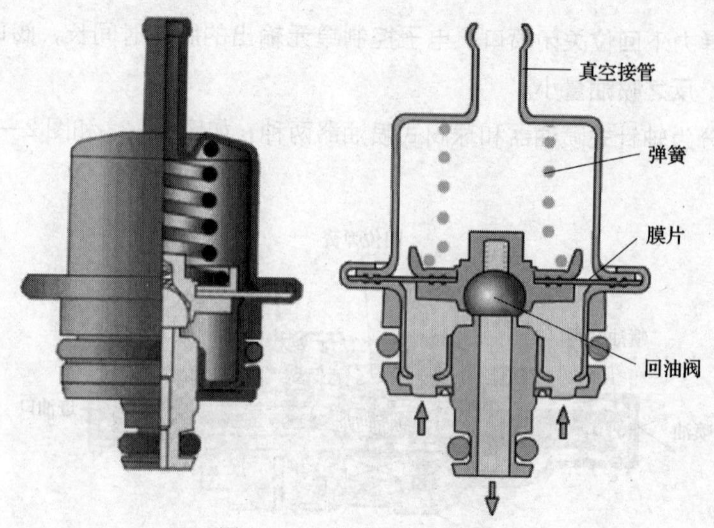

图 2—34　燃油压力调节器

3. 电子控制系统

发动机电子控制系统主要由传感器、电控单元（ECU）和执行器组成，如图 2—35 所示。

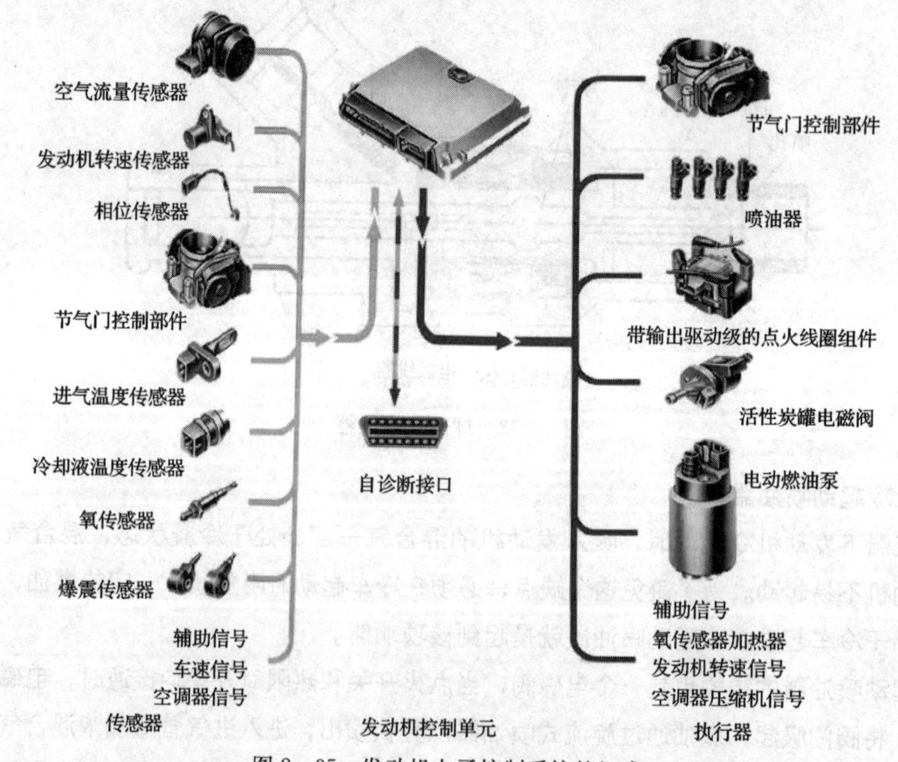

图 2—35　发动机电子控制系统的组成

发动机电子控制系统是将发动机的运行工况信息，如进气量、节气门位置、水温、进气温度信息等和汽车的运行状况信息（如车速），通过传感器转换成电信号并输送给电控单元，电控单元对这些电信号进行实时计算、分析等处理后，确定出最佳控制方案并向各有关执行元件发出控制指令信号，控制喷油量、点火时刻等，从而控制发动机在各种工况下都处于最佳工作状态。同时，电控单元还具备有系统范围内的故障自诊断功能和后备控制（系统）功能，使某些元件出现故障时仍能保证发动机正常工作并通过故障指示灯告知驾驶员和用代码对故障进行记录。

（1）空气流量传感器

空气流量传感器（AFS）又称为空气流量计（AFM），其功用是检测发动机进气量大小，并将进气量信息变换成电信号输入 ECU，供 ECU 计算确定喷油时间和点火时间。进气量信号是 ECU 计算喷油时间和点火时间的主要依据。

（2）进气压力传感器

进气压力传感器的作用是检测进气歧管的负压变化，感知发动机进气量的大小，电子控制单元以此信号和其他传感器信号控制喷油器的喷油量。

（3）节气门位置传感器

节气门位置传感器用于检测节气门的开度，并将其转换成电信号输送给电控单元，作为电控单元判定发动机运转工况的依据。

（4）进气温度传感器

进气温度传感器的作用是检测进气温度，向电控单元输入进气温度信号，作为燃油喷射和点火正时的修正信号。

（5）氧传感器

氧传感器的作用是指示发动机中混合气的燃烧是否完全，测定废气中的氧含量，然后将检测结果及时反馈给发动机的控制系统，以便使发动机控制系统对燃料系统进行调控，把混合气的空燃比控制在理论空燃比附近很窄的范围内，使装有三元催化转换器的发动机达到最佳的排气净化状态。

氧传感器安装在排气歧管前或排气歧管内。

（6）电控单元（ECU）

电控单元（ECU）是发动机的综合控制装置。它的功用是根据自身存储的程序对发动机各传感器输入的各种信息进行运算、处理、判断，然后输出指令，控制有关执行器动作，达到快速、准确、自动控制发动机工作的目的。

电控单元（ECU）的主要构成是微型计算机，如图 2—36 所示。

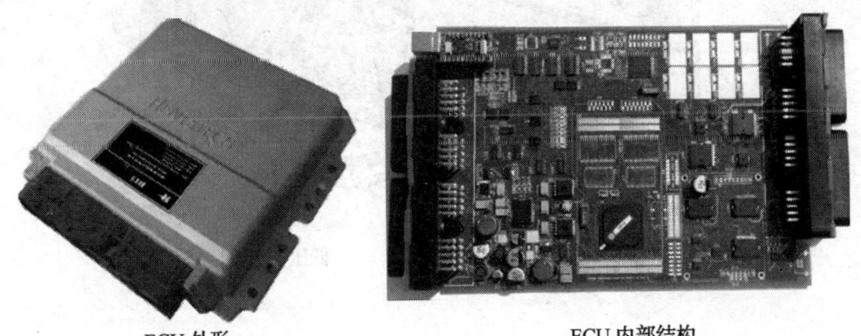

ECU 外形　　ECU 内部结构

图 2—36　电控单元（ECU）

§2—5 柴油机燃料供给系

学习目标

1. 了解柴油机燃料供给系的功用与组成。
2. 掌握柴油机燃料供给系的基本油路。
3. 掌握柴油机各主要机件的构造和工作原理。

一、燃料供给系的功用与组成

1. 功用

柴油机是以柴油为燃料的内燃机，柴油与汽油相比，黏度大、蒸发性差。柴油机燃料供给系的功用是完成燃料的储存、滤清和输送工作，按柴油机各种不同的要求，将柴油定时、定量、定压喷入燃烧室，使其与空气迅速而良好地混合后燃烧。

2. 组成

柴油机燃料供给系由燃油供给装置、空气供给装置、混合气形成装置及废气排出装置组成。

(1) 燃油供给装置：由柴油箱、低压油管、输油泵、柴油滤清器、喷油泵、高压油管、喷油器、回油管等组成，如图 2—37 所示。

(2) 空气供给装置：由空气滤清器、进气管道和气缸盖内的进气道等组成。

(3) 混合气形成装置：燃烧室。

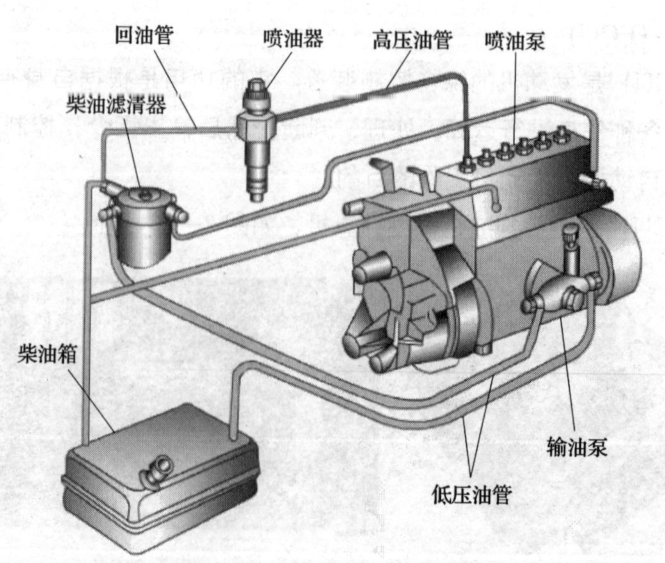

图 2—37 柴油机燃油供给装置

(4) 废气排出装置：排气管道、消音器。

二、燃料供给系基本油路

柴油机燃料供给系的基本油路包括低压油路、高压油路和回油油路，如图 2—38 所示。

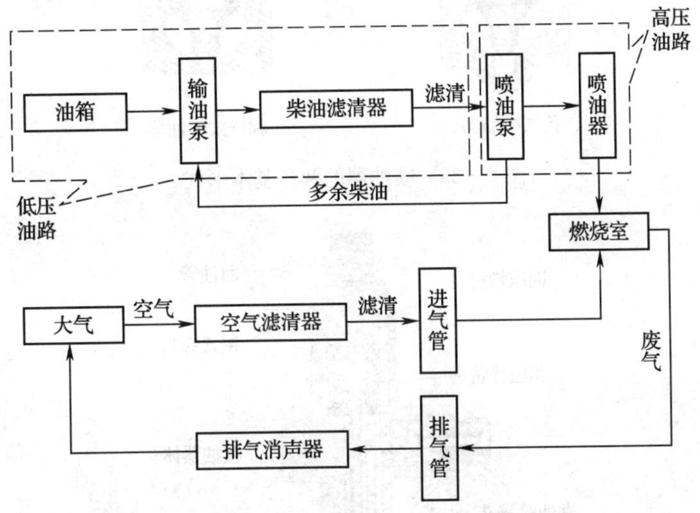

图 2—38 柴油机燃料供给系油路示意图

1. 低压油路

从油箱到喷油泵入口这一段油路，其油压由输油泵建立，一般为 150～300 kPa，故称为低压油路。该油路主要完成柴油储存、输送和滤清等任务。

2. 高压油路

从喷油泵到喷油器这一段油路，其油压由喷油泵建立，一般在 10 MPa 以上，故称为高压油路。柴油供给任务主要由其来完成。

3. 回油油路

由于输油泵供油量是喷油泵出油量的 3～4 倍，滤清器和喷油泵上都装有溢流阀，使多余燃油经溢流阀和回油管流回输油泵进口或直接流回油箱。

三、燃料供给系主要零部件

1. 喷油器

喷油器是柴油机燃料供给系统的重要部件之一，其主要作用是使燃油在一定的压力下，以雾状喷入燃烧室并合理分布，以便与空气混合形成最有利于燃烧的可燃混合气。

车用柴油机大多数采用孔式喷油器和轴针式喷油器两种，如图 2—39 所示。

孔式喷油器主要由针阀、针阀体、顶杆、调压弹簧、进油管接头等组成，如图 2—40 所示。

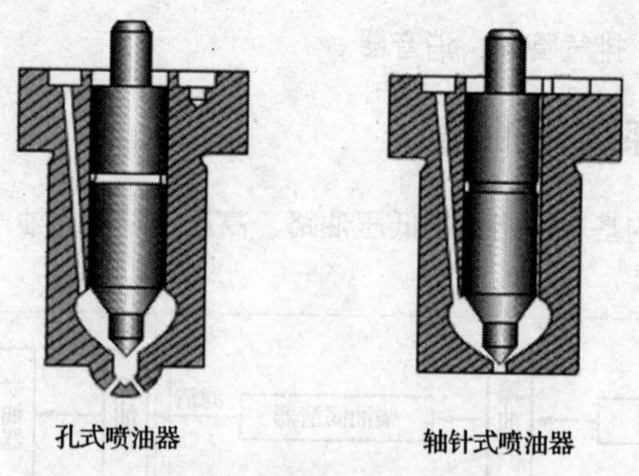

图 2—39　喷油器的两种基本形式

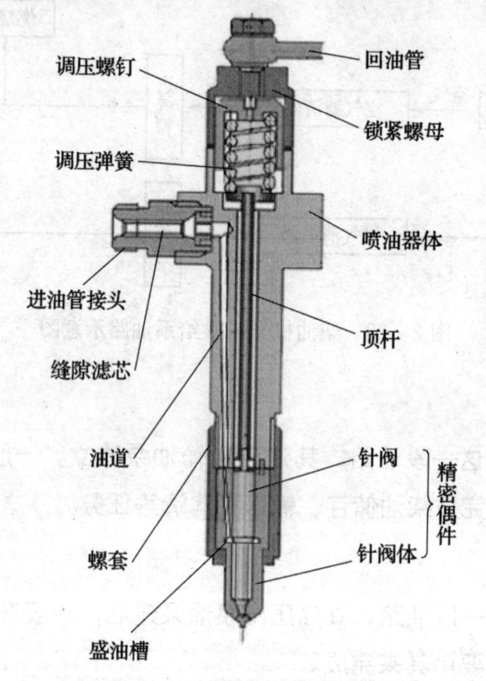

图 2—40　孔式喷油器结构图

轴针式喷油器的工作原理与孔式喷油器相同，只是结构上有所不同。在针阀下端的密封锥面以下延伸出一个伸出孔外的轴针，其形状是倒锥形或圆柱形，从而使喷孔成为圆环状的狭缝，如图 2—41 所示。这样，喷油时喷柱将呈空心的锥状或柱状。

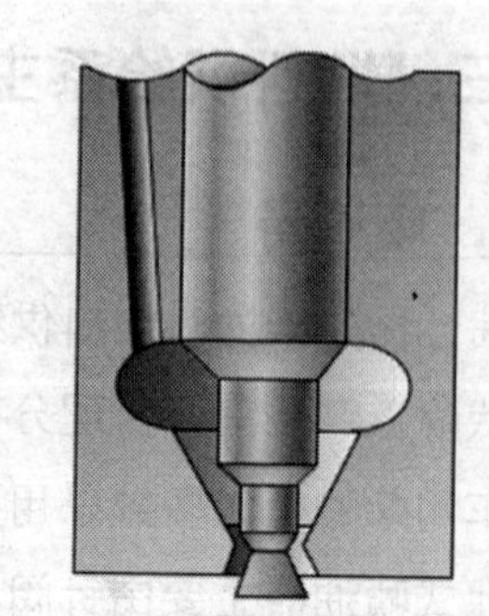

图 2—41　轴针式喷油器的喷孔

2. 柱塞式喷油泵

喷油泵的主要作用是把燃油由低压变成高压，并根据柴油机工作过程的要求，敏捷地服从调速器的调节，定时、定量地通过喷油器以一定的压力向燃烧室内输送燃油。

喷油泵的结构形式很多，常见的喷油泵大体可分为三类：柱塞式喷油泵、喷油泵—喷油器和转子式喷油泵。

柱塞式喷油泵性能好，使用可靠，为目前大多数小型高速柴油机所使用。

柱塞式喷油泵主要由分泵、油量调节机构、驱动机构和泵体四部分组成。

(1) 分泵

分泵是带有一副柱塞偶件的泵油机构，如图 2—42 所示。同一喷油泵上各个分泵的构造和尺寸完全相同，其数量和柴油机气缸数一致。分泵泵油机构包括柱塞偶件（柱塞套、柱塞），柱塞弹簧，弹簧上、下支座和出油阀偶件（出油阀、出油阀座），出油阀弹簧等零件。

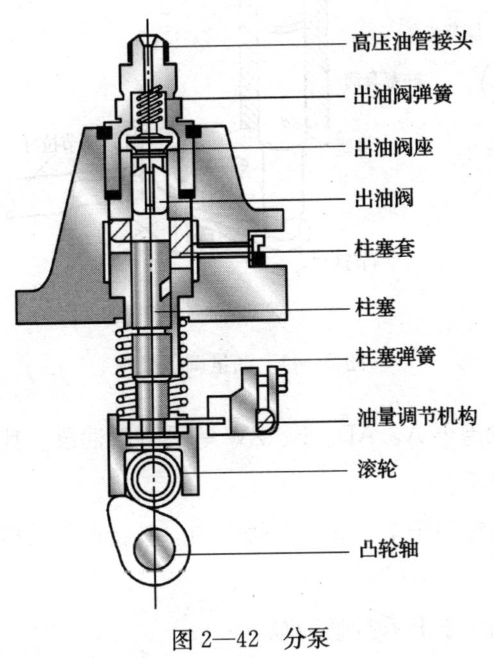

图 2—42　分泵

在泵油机构中，柱塞偶件和出油阀偶件是两个极其重要的偶件（图 2—43)。

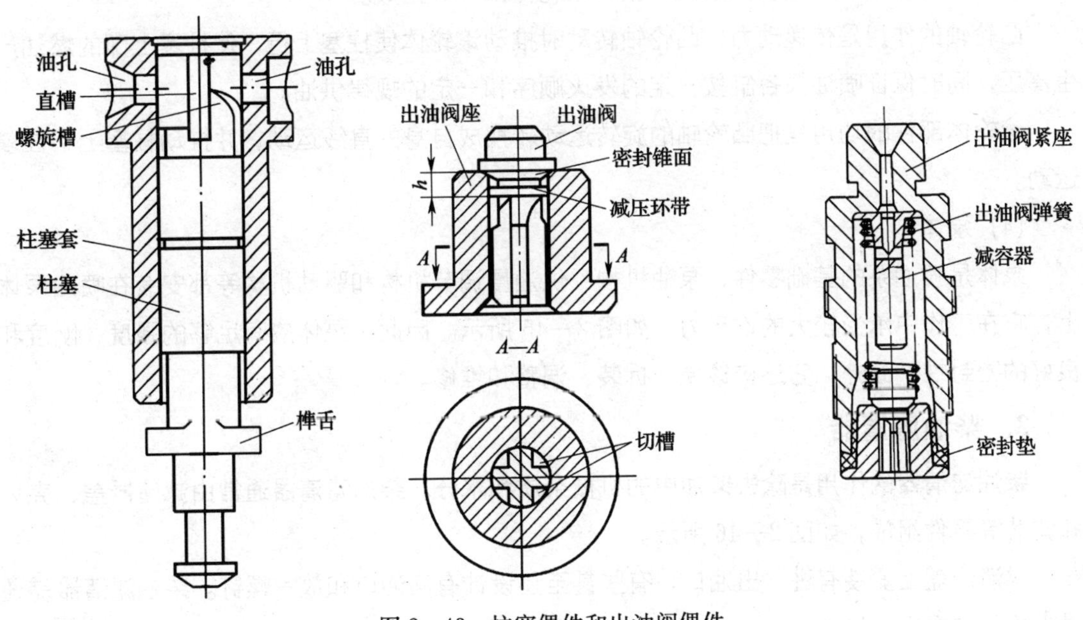

图 2—43　柱塞偶件和出油阀偶件

(2) 油量调节机构

直列式油泵常见的油量调节机构有齿条式(也称齿杆式)油量调节机构、拨叉式油量调节机构、球销式油量调节机构，如图 2—44 所示。

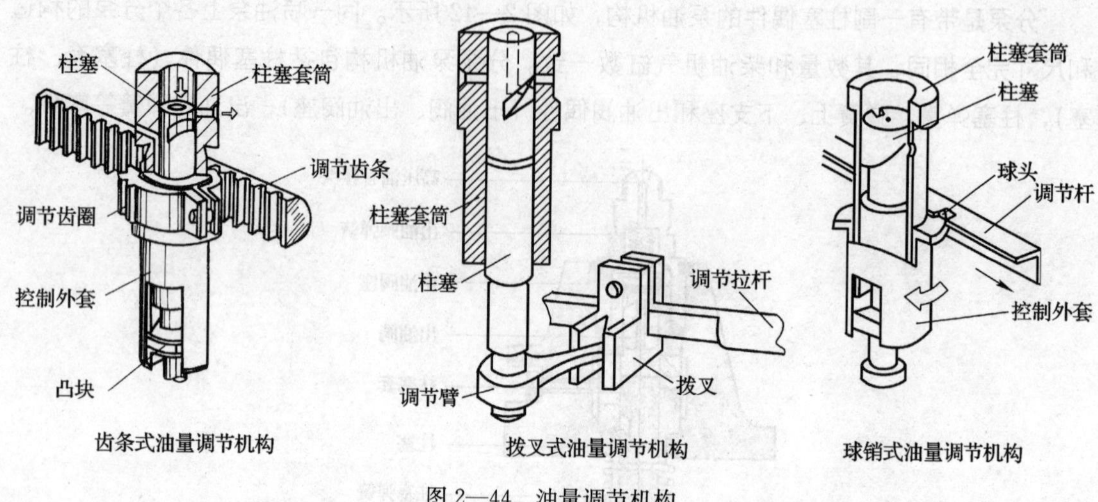

图 2—44 油量调节机构

齿条式油量调节机构用于 A、AD、B、ZW 等系列喷油泵。其特点是传动平稳、工作可靠，但结构复杂、制造费工。

拨叉式油量调节机构常用于Ⅰ、Ⅱ、Ⅲ号泵中。其特点是结构紧凑，制造和管理都较容易。

球销式油量调节机构用于 P 系列喷油泵。

(3) 驱动机构

喷油泵的驱动机构由喷油泵凸轮轴和滚轮体部件等组成。

凸轮轴的作用是传递动力，凸轮轴转动时推动滚轮体使柱塞上行，使柱塞上部的燃油产生高压，同时保证喷油泵各缸按一定的发火顺序和一定的规律供油。

滚轮体部件的功用是把凸轮轴的旋转运动转换成自身的直线运动，并推动柱塞上下往复运动。

(4) 泵体

泵体是喷油泵的基础零件，泵油机构、供油量调节机构和驱动机构等都安装在喷油泵体上，它在工作中承受较大的作用力，如图 2—45 所示。因此，泵体应有足够的强度、刚度和良好的密封性。此外，它还应该便于拆装、调整和维修。

3. 柴油滤清器

柴油滤清器的作用是除去柴油中的机械杂质和水分。柴油滤清器通常由滤清器盖、壳体和滤芯等零件组成，如图 2—46 所示。

滤清器盖上安装有进、出油口，有些甚至还设计有回油口和放气螺钉。柴油滤清器盖通过螺栓固定在发动机上。

图 2—45 泵体

滤清器壳通常由铁皮或铝合金做成桶状。当滤清器壳与滤芯被制成一体时，出油口往往加工出内螺纹，与滤清器盖中心的外螺纹相连接。

柴油滤清器的滤芯多采用滤纸，也有采用毛毡或高分子材料的。

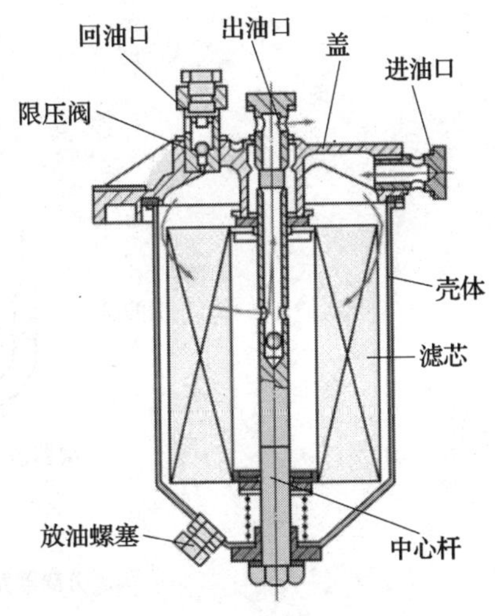

图 2—46 柴油滤清器

4. 输油泵

输油泵的作用是使柴油产生一定的压力克服滤清及低压油管的阻力，保证连续不断地向喷油泵输送足够的柴油。其输出的柴油量通常为发动机全负荷时需要的最大喷油量的 3～4 倍。

输油泵的结构形式有活塞式、膜片式、齿轮式和叶片式等几种。其中，活塞式输油泵由于工作可靠，目前应用广泛，如图 2—47 所示。

活塞式输油泵由泵体、机械油泵总成、手油泵总成、止回阀类和油道等组成。它安装在喷油泵的一侧，由喷油泵凸轮轴上的偏心轮驱动。

5. 油水分离器

为了除去燃油中的水分，在一些柴油机的燃油箱和输油泵之间装设油水分离器。

油水分离器如图 2—48 所示，由手压膜片泵、液面传感器、浮子、分离器壳体和分离器盖等组成。

来自燃油箱的燃油经进油口进入油水分离器，并经出油口流出。燃油中的水分从分离器中分离出来并沉积在壳体的底部。浮子随着积水的增多而上浮，当浮子到达规定的放水水位时，液面传感器将电路接通，仪表板上的报警灯发出放水信号，这时，驾驶员应及时旋松放水塞放水。

手压泵供放水和排气时使用。

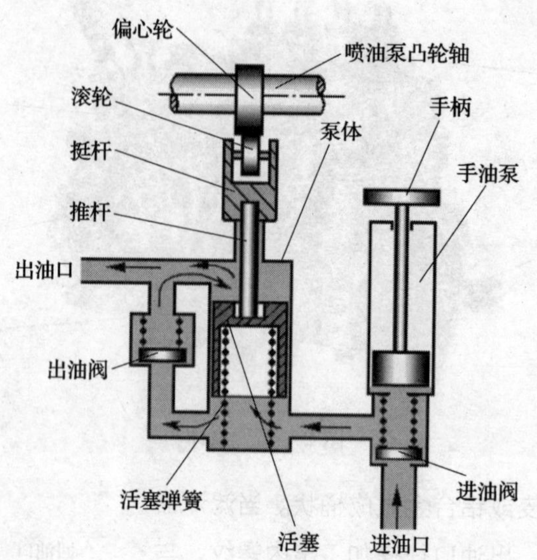

图 2—47 活塞式输油泵

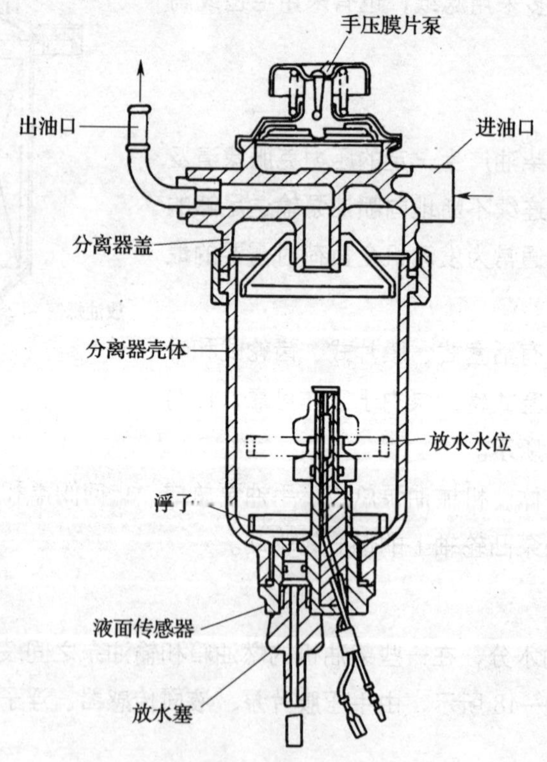

图 2—48 油水分离器

四、柴油机增压与中冷技术

柴油机增压是在气缸容积不变的条件下，通过增压器提高进气压力，把低于 1 个大气压力自然进气过程变为在 1 个以上至几个大气压力的强制进气过程，从而提高每个工作循环进入气缸内的空气量；与此同时相应增加喷油量，就可以在基本结构变动不大的情况下，增大柴油机的扭矩和功率（一般可以增加功率 30%～100%），并且由于混合气密度加大，燃烧得到改善，从而可以减小排气污染和降低油耗率（一般油耗可降低 3%～10%）。这种方法称为柴油机的强化，已被大功率车用柴油机广泛采用。

实现柴油机增压的方法很多，主要有机械增压和废气涡轮增压两种。

1. 机械增压

机械增压系统如图 2—49 所示。这种增压系统的特点是增压器的转子是通过柴油机曲轴传动装置（齿轮、传动带、链条等）带动的。这套传动机构使柴油机结构复杂、体积增加。增压空气的能量全部取自柴油机输出的机械功，降低了柴油机的经济性。当增压压力提高到一定压力值时，消耗于驱动增压器的功率大于柴油机由于增压所提高的功率，柴油机的输出功率下降，使增压失去意义。但这种增压系统制造较容易、成本低、运转范围较大，柴油机工况变化时适应性较好，在起动与低速时也能获得一定的进气压力。

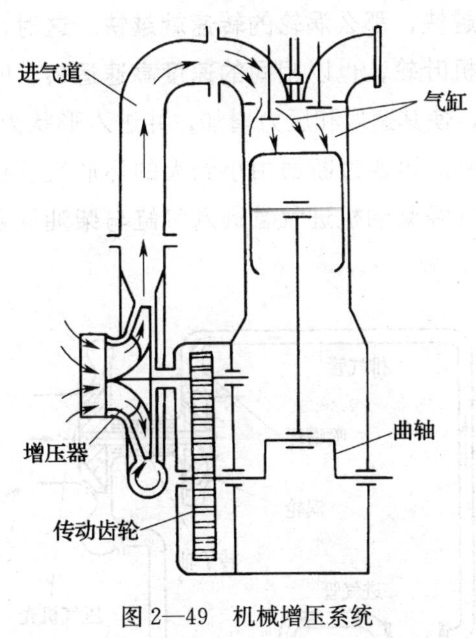

图 2—49　机械增压系统

2. 废气涡轮增压

废气涡轮增压器通常由压气机、涡轮机和中间壳三部分组成，如图 2—50 所示。

压气机部分由压气机叶轮、压气机壳和扩压管等组成单级离心式压气机，涡轮机部分由涡轮壳、涡轮机叶轮、喷嘴环和涡轮端盖板等组成单级径流式涡轮机。压气机叶轮与涡轮机叶轮安装在同一轴上构成转子组，并支承在中间支承体两端的浮动轴承上。中间支承体左端装有压气机壳，右端装有涡轮壳。

如图 2—51 所示，将排气管接到增压器的涡轮壳上，柴油机排出的高温高压废气经排气管进入涡轮壳内的喷嘴环。由于喷嘴环通过的面积是逐渐收缩的，因而废气的压力和温度降

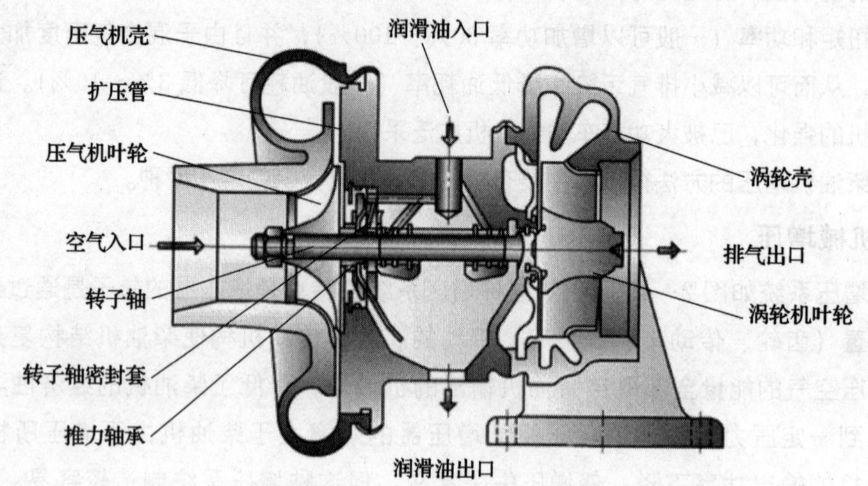

图 2—50 废气涡轮增压器的结构

低，但速度提高。这股高速的废气流，按一定的方向冲击涡轮，使涡轮高速运转。废气的压力和温度越高，速度越快，那么涡轮的转速就越快。这时，与涡轮机叶轮安装在同一轴上构成转子组的气压机叶轮，也以相同的速度高速运转，叶轮从空气滤清器吸入的新鲜空气甩向叶轮的外缘，使其速度和压力增加，并进入形状为进口小出口大的扩压器，气流的速度下降、压力升高。再通过断面由小到大的环形气压机壳，使空气压力继续升高。这些压缩了的新鲜空气经柴油机进气管进入气缸与柴油混合燃烧，使发动机发出更大的功率。

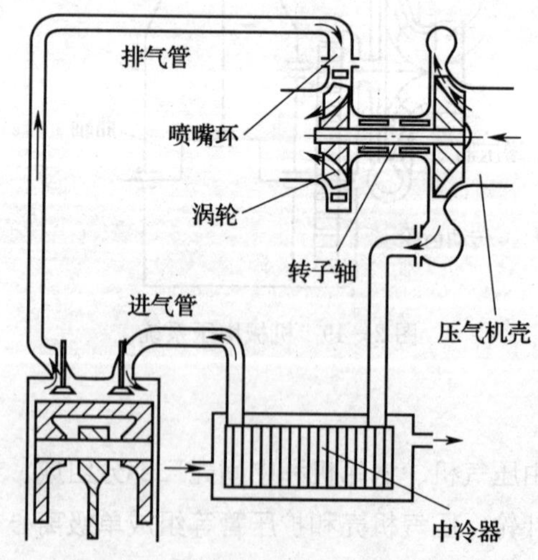

图 2—51 废气涡轮增压器的工作原理

随着涡轮增压器压比的增加，空气压缩后温度升高，空气密度并未正比地增加，为进一步提高发动机功率，目前在中、高增压器中一般采用中间冷却器（简称中冷器），以降低压气机出口的空气温度，增加充气密度。

五、柴油机电控燃油系统

1. 柴油机电控燃油系统的发展

柴油机电控喷油系统的开发研究从 20 世纪 70 年代开始，到目前为止，已先后出现了三代产品。

(1) 第一代产品

第一代产品是位置控制式电控喷油系统，其结构特点是将机械式调速器和提前器换成电子控制机构，而燃油的压送机构仍保留原来的结构（图 2—52)。

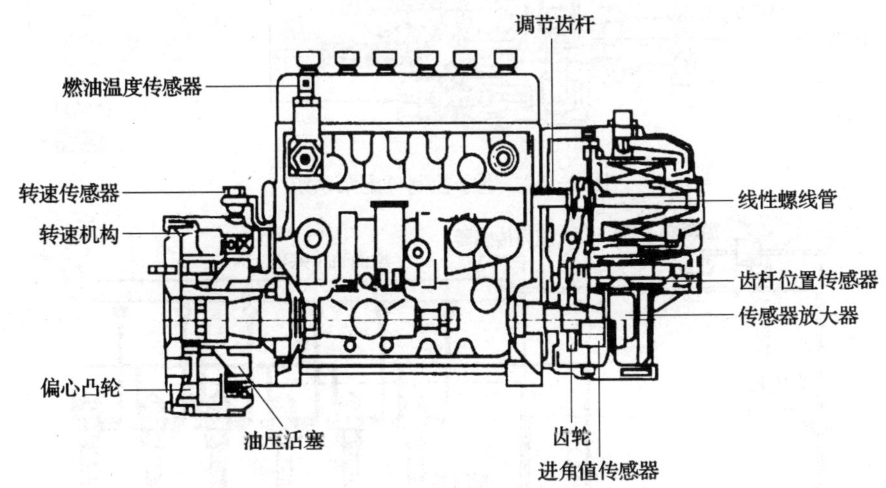

图 2—52 电子控制直列式喷油泵系统

该系统的优点是生产继承性好，便于对现有系统进行升级改造。缺点是控制自由度小，控制精度差，喷油速率和喷射压力难以控制，而且不能改变传统喷射系统固有的喷射特性，也很难大幅度地提高喷射压力。

位置控制式电控喷油系统主要包括电控直列柱塞泵和电控分配泵。

(2) 第二代产品

第二代产品是时间控制式电控喷油系统，其结构特点是通过高速电磁阀的开闭是否泄油来控制高压燃油的适时喷射，这种系统可以保留原来的喷油泵—油管—喷油嘴系统，也可以采用新型的产生高压的燃油系统，如图 2—53 所示。

采用传统喷油泵系统的优点是结构简单、强度高，设计自由度提高，喷油压力高。但是这种喷油系统依旧利用脉动柱塞供油，因此其对转速的依赖性很大，在低速、低负荷时，喷油压力不高，而且难以实现多次喷射，极不利于降低柴油机的噪声和振动。

时间控制式电控喷油系统主要包括电控直列柱塞泵、电控分配泵、电控泵喷嘴和电控单体泵。

(3) 第三代产品

第三代产品是燃油共轨式电控喷油系统，该系统是国外 20 世纪 90 年代中期开始推向市场的一种新型柴油机电控喷油技术，它代表着未来柴油机燃油系统的发展方向，如图 2—54 所示。

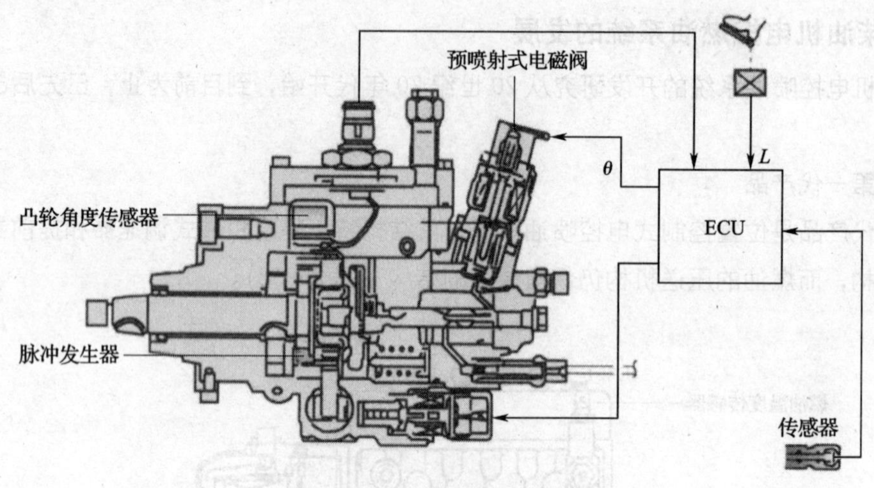

图 2—53 电子控制分配泵系统

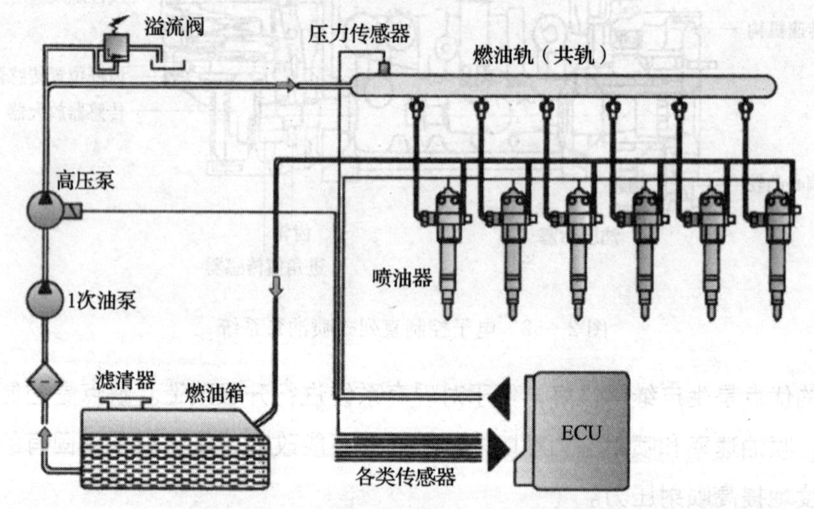

图 2—54 燃油共轨式电控喷油系统

该系统的结构特点是取消了传统的泵—油管—喷嘴脉动供油结构，采用一个柴油机驱动的高压油泵，连续将高压燃油输送到共轨（燃油管是一个长管密封容器，各缸喷油器都安装在容器上，共同使用这一燃油轨，即所谓共轨）内，并通过调节以满足压力要求，共轨内的高压燃油通向各缸的电控喷油器，如图 2—55 所示。

该系统具有的优点是可实现高压喷射，最高可达 200 MPa。喷射压力独立于柴油机转速，可以改善低速、小负荷性能；可以实现预喷射和理想喷油规律；喷油定时和喷油量可自由选定；结构简单，可靠性好，适应性强，可在所有新老柴油机上应用。

2. 柴油机电控系统的组成及工作原理

柴油机电控系统由信号输入装置、电子控制单元（ECU）和执行器三个部分组成，如图 2—56 所示。

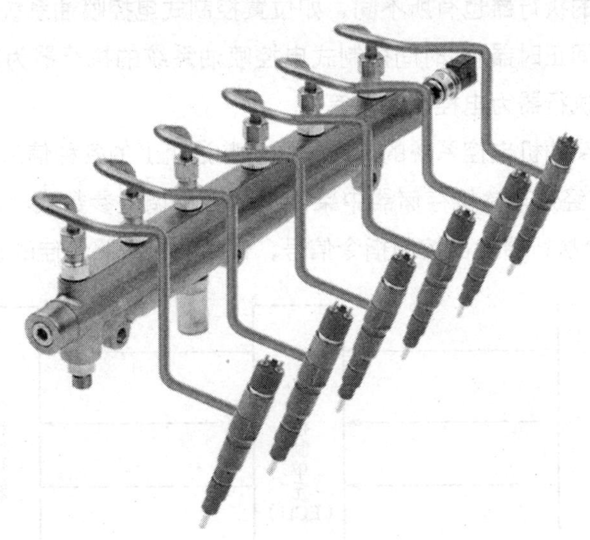

图 2—55　燃油共轨系统

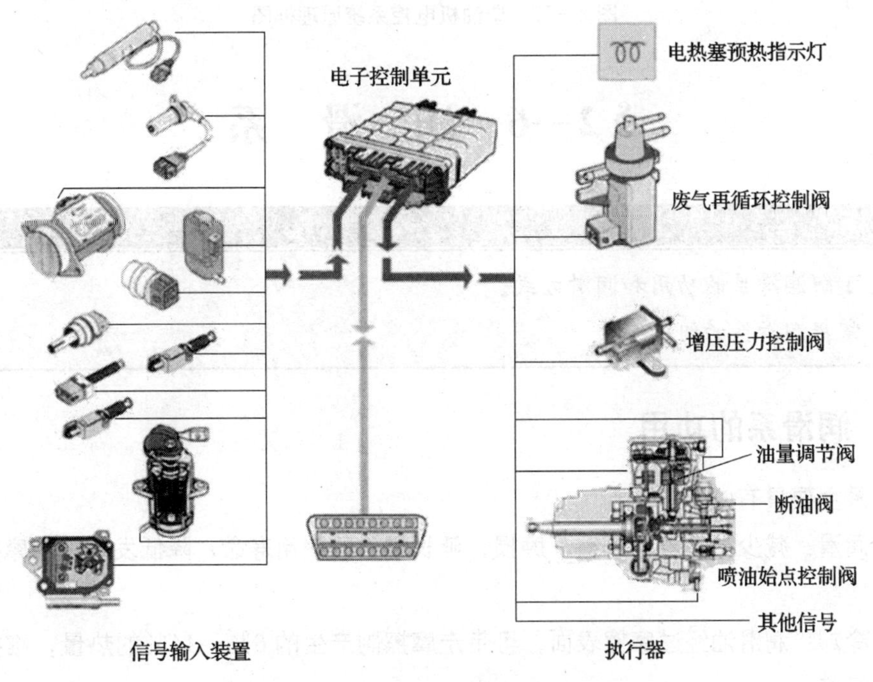

图 2—56　柴油机电控系统的基本组成

信号输入装置的作用是通过各种传感器或其他控制装置将各种控制信号输入至电子控制单元（ECU）。它包括各种传感器和信号开关。

电子控制单元 ECU 是整个柴油机电控系统的核心，它利用内部存储的软件与硬件分析各传感器输入的诸多动态数据，制定出各种控制命令送到各个执行器，从而实现对柴油机的控制。

执行器是接受 ECU 控制信号指令，具体执行某项控制功能的装置。柴油机电控喷油系统的类型不同，具体的执行器也有所不同，如位置控制式电控喷油系统的执行器为电动调速器和电子提前器（时间正时器），时间控制式电控喷油系统的执行器为高速电磁阀，燃油共轨式电控喷油系统的执行器为电控喷油器等。

图 2—57 所示为柴油机电控系统的原理框图。柴油机上的各种信息通过传感器及其他信号开关输送到 ECU，经过与微机存储器中柴油机的各种调控参数或状态的目标数据进行运算比较，然后 ECU 给执行器发出控制指令信号，使柴油机按照最佳的状态运行。

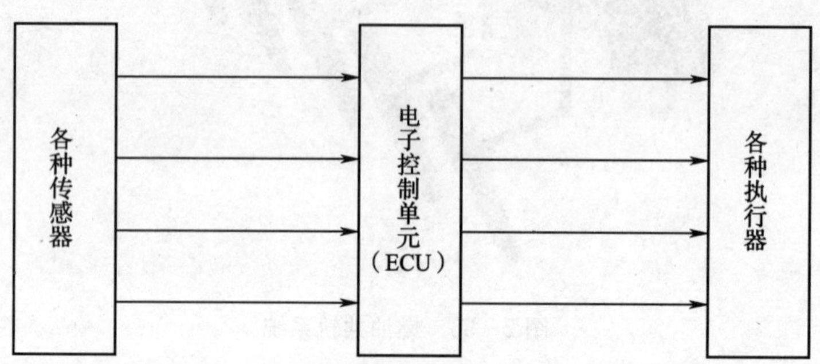

图 2—57　柴油机电控系统原理框图

§2—6　润　滑　系

学习目标

1. 了解润滑系的功用和润滑方式。
2. 掌握润滑系的组成。

一、润滑系的功用

润滑系主要具有以下作用：

(1) 润滑：减少零件表面摩擦、磨损，延长零件的使用寿命，降低发动机的摩擦功率损失。

(2) 冷却：润滑油经过摩擦表面，可带走摩擦副产生的 6%～14%的热量，维持零件正常的工作温度。

(3) 清洗：利用润滑油冲洗零件表面，带走零件的磨损磨屑和其他杂质。

(4) 密封：利用润滑油的黏性，附在互相运动零件的表面之间，提高了间隙密封效果。

除此之外，润滑油还可具有防止零件生锈的功用。

二、润滑系的润滑方式

发动机按润滑油供应方式不同分为：

(1) 压力润滑：将一定的压力油输送到摩擦表面上，形成油膜而润滑。其主要用于曲轴主轴承、连杆轴承及凸轮轴轴承等处承受负荷且相对运动速度较大的摩擦表面的润滑。这种润滑方式称为压力润滑。

(2) 飞溅润滑：利用发动机工作时运动零件飞溅起来的油滴或油雾润滑摩擦表面。其主要用于相对滑动速度较小的如活塞销、配气机构凸轮表面、挺柱等工作表面的润滑。

(3) 润滑脂润滑：定期加注润滑脂润滑零件工作表面，如水泵及发电机轴承的润滑。

一般汽车发动机中，既存在压力润滑，也存在飞溅润滑，同时存在一定的润滑脂润滑。

三、润滑系的组成及工作原理

润滑系主要由集滤器、机油泵、机油滤清器、溢流阀、旁通阀、机油压力开关和主油道等组成，如图 2—58 所示。

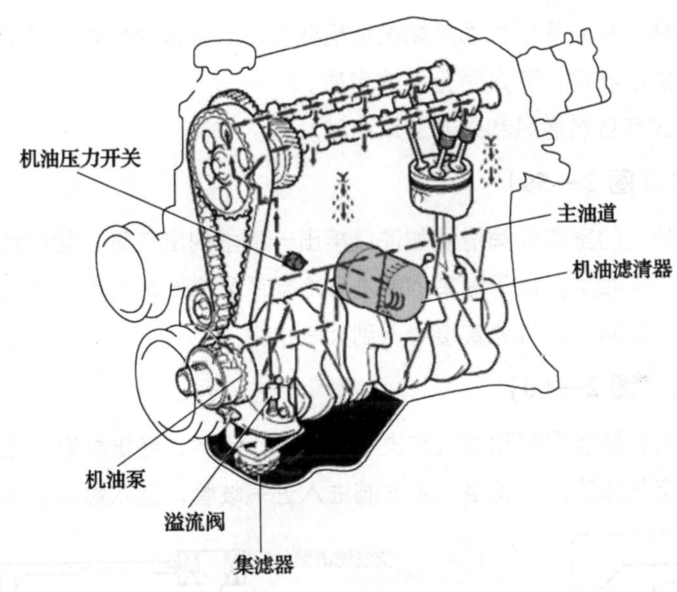

图 2—58　润滑系组成

发动机工作时，机油泵通过集滤器从油底壳中吸入机油，以防止大的杂质进入到机油泵内。具有一定压力的机油进入机油滤清器进一步滤清，大部分进入发动机主油道，另一小部分首先进入凸轮轴的轴承，再进入气门机构，之后流回油底壳。

1. 集滤器

集滤器安装在机油泵的前端，防止较大颗粒杂质进入机油泵。

2. 机油泵

机油泵将机油从油底壳中吸出，加压后不间断地输送到进行压力润滑的工作表面。现代汽车发动机通常采用齿轮式机油泵。

3. 溢流阀

溢流阀的作用是限制润滑系统机油的最大压力。它的安装位置既可以附于机油泵中，也可以单独设置。

4. 机油滤清器

机油滤清器的作用是滤去进入润滑油道的润滑油中的杂质。现代发动机广泛使用由粗滤器和细滤器组合而成的组合式机油滤清器。

5. 机油压力检查和报警装置

如机油压力表、机油尺、油压过低报警灯、蜂鸣器等，使驾驶员能随时掌握润滑系的工作状况。

四、曲轴箱通风

发动机运转时，有少量工作混合气经过气缸壁漏入曲轴箱内。漏到曲轴箱内的汽油蒸气凝结后会将机油稀释，从而降低机油的黏度使机油变质。采取曲轴箱通风方式可将水蒸汽和汽油蒸气带出去或加以利用，有效防止机油变质。

曲轴箱通风方式有自然通风和强制通风两种。

1. 自然通风（图 2—59）

在曲轴箱连通的气门室盖或润滑油加注口接出一下垂的出气管，管口处切成斜口，切口的力与汽车行驶的方向相反。由于汽车的前进和冷却系风扇造成的气流作用，使管内形成真空而将废气抽出，曲轴箱中的气体直接导入到大气中去。

2. 强制通风（图 2—60）

漏进曲轴箱内的新鲜混合气和废气在进气管真空作用下，经挺杆室、推杆孔进入气缸盖后罩盖内，再经过空气滤清器、管路、单向阀进入进气歧管，进入燃烧室参加燃烧。

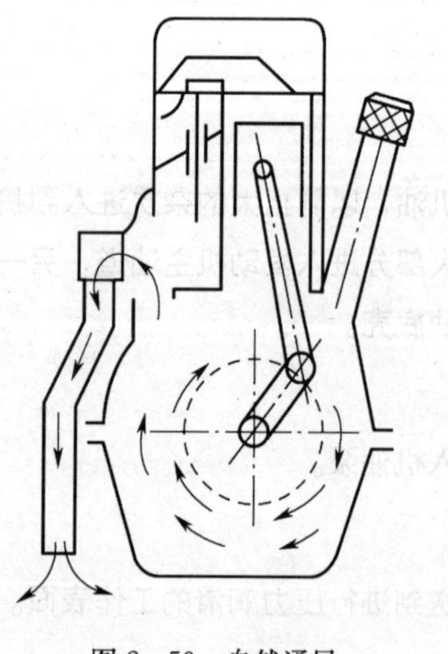

图 2—59　自然通风

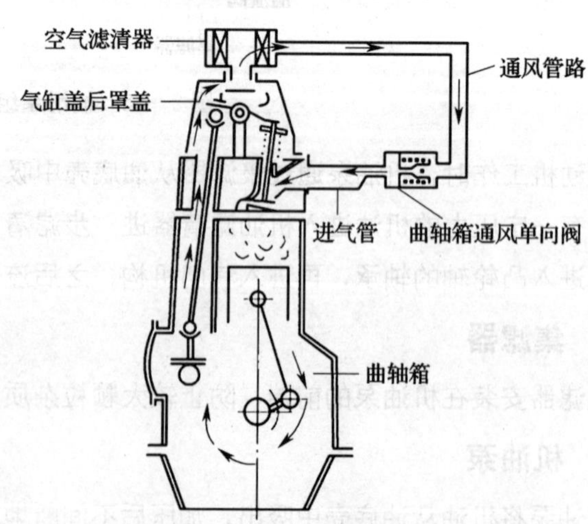

图 2—60　强制通风

为了降低曲轴箱通风抽出的机油消耗，除在气缸盖后罩盖内装有挡油板外，在后罩盖上部还装有起油气分离作用的小滤清器，在管路中串联曲轴箱通风单向阀。

§2—7 冷 却 系

学习目标

1. 掌握冷却系的作用及组成。
2. 掌握冷却系大、小循环。
3. 掌握冷却系各主要零部件的结构及作用。

一、冷却系的作用

冷却系的作用是将发动机中受热零件吸收的部分热量散发到大气中去，以保证发动机在最适宜的温度范围内工作。

二、冷却系的组成

目前汽车发动机上采用强制循环式水冷却系。水冷却系主要由散热器、水泵、风扇、水套（在气缸盖或气缸体上制出的夹层空间）、节温器、水管、水温表和传感器等组成，如图2—61所示。

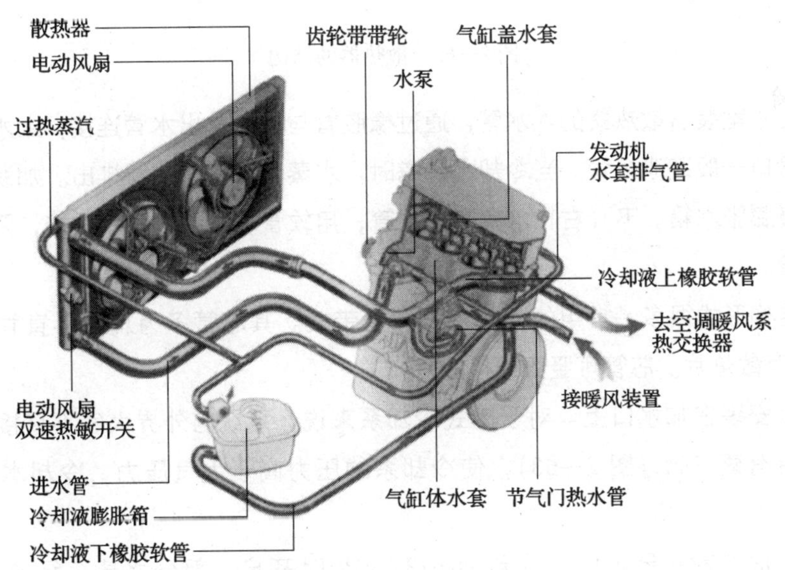

图2—61 水冷却系的组成

强制循环式水冷却系是用水泵把该系统的冷却液体加压，使之在水套中流动，冷却水从气缸壁吸收热量，温度升高，热水向上流入气缸盖，继而从气缸盖流出并进入散热器。由于风扇的强力抽吸，空气从前向后高速流过散热器，不断地将流经散热器的水的热量带走。冷却后的水由水泵从散热器底部重新泵入水套，水在冷却系中不断循环。

通常，冷却水在冷却系内的循环流动路线有两条，一条为大循环，另一条为小循环。

冷却水经水泵→水套→节温器后不经散热器，而直接由水泵压入水套的循环，其水流路线短，散热强度小，称为水冷却系的小循环。

冷却水经水泵→水套→节温器→散热器，又经水泵压入水套的循环，其水流路线长，散热强度大，称为水冷却系的大循环。

1. 散热器

散热器的主要作用是将水套出来的热水自上而下或横向地分成许多小股并将其热量散给周围的空气。散热器由上水室、下水室、散热器芯等组成，如图 2—62 所示。

图 2—62 散热器的结构

散热器上水室装有散热器的入水管，通过橡胶管与气缸盖出水管连接；上水室上部有加水管，加水管口一般装泄汽管。当冷却水沸腾时，水蒸汽可以从此管排出。加装防冻液的冷却系，此管接膨胀水箱。下（右）水室有出水管，用软管与水泵进水口连接，两水室之间焊接散热器芯管。

芯管的结构形式很多，常用的为管片式和管带式。其芯管多为扁圆形直管（防冻裂性好），周围制有散热片。芯管可竖置或横置。

散热器盖安装在加水口上。对于闭式冷却系来说，系统与外界大气不直接相通，所以散热器盖上带有蒸汽阀（图 2—63），使冷却系的压力高于大气压力，冷却水的沸点有所提高。

蒸汽阀一般在散热器内压力达到 26～37 kPa 时开启，部分水蒸汽经溢流管排入大气，避免损坏散热器；空气阀在散热器内气压降到 10～20 kPa 时打开，散热器与大气相通，防止散热器芯管被大气压坏。散热器的材料多采用耐腐蚀、导热性好的铜或铝片制成。

加注防冻液的汽车发动机，为了减少冷却液的损失，保证冷却系的正常工作，采用散热器＋补偿水桶结构（图 2—64）。补偿水桶的上方通大气，另一根软管与散热器的溢流管相连。当散热器内蒸汽压力升高到某一值时，其盖上的压力阀打开，冷却液通过压力阀经溢流管进入补偿水桶；当温度下降时，冷却液又从补偿水桶通过真空阀流回到散热器内部。这样可以防止冷却水损失。补偿水桶内部印有两条液面高度标记线，水桶内的液面高度应位于这两条刻线之间。

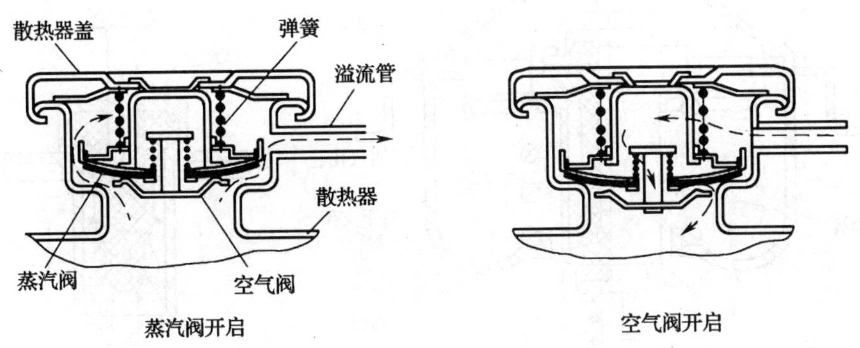

图 2—63　散热器盖

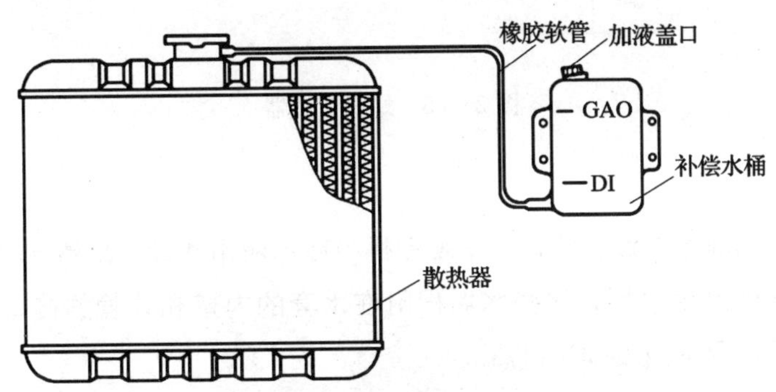

图 2—64　补偿水桶装置示意图

2. 风扇

风扇的主要作用是提高流经散热器的空气流速和流量，以增强散热器的散热能力并冷却发动机附件。它一般安装在发动机与散热器之间，与水泵同轴驱动。

轿车发动机上基本都是采用轴流式冷却风扇，叶片断面多为弧形，数目通常为 4～6 片，为了减轻振动噪声，叶片间夹角不等。

3. 水泵

水泵的作用是对冷却水加压，使之在冷却系中循环流动。目前汽车发动机一般采用离心式水泵。

水泵外壳固定在发动机机体上，由曲轴通过 V 带驱动。传动带环绕在曲轴带轮和水泵带轮之间，因此水泵转速与发动机转速成比例。

4. 节温器

节温器的作用是随发动机负荷和水温的高低而自动改变冷却液的流量和循环路线，保证发动机在适宜的温度下工作，减少燃料消耗和机件磨损。目前多数发动机采用蜡式节温器，如图 2—65 所示。

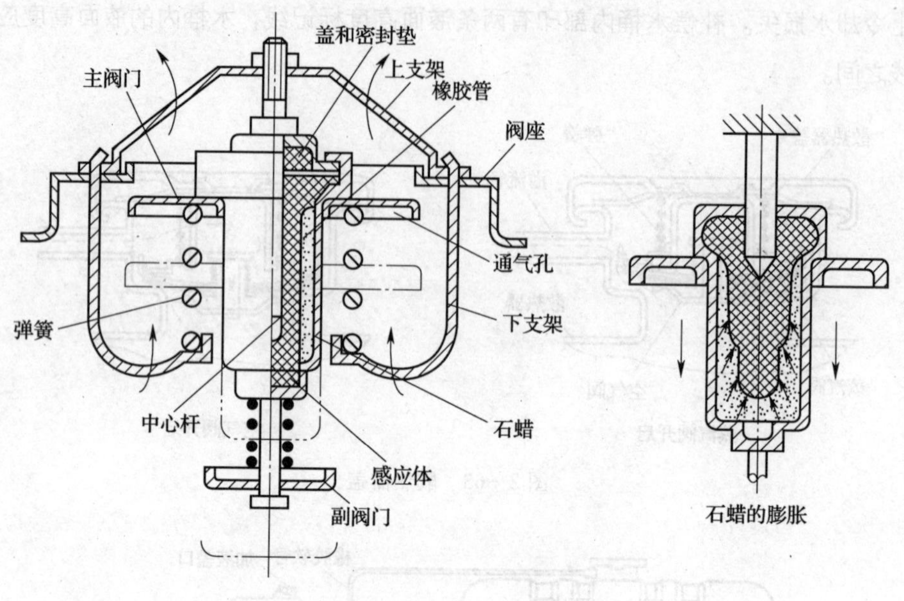

图 2—65　蜡式节温器

5. 冷却液

冷却液是水与防冻剂的混合物。汽车发动机中冷却液用水最好是清洁的软水，否则硬水中的矿物质会沉淀而产生水垢，这些水垢积附在水套的内壁和软管的接口处，影响水的循环，并使传热受阻，易造成发动机过热。

最常用的防冻剂是乙二醇。冷却液中水与乙二醇的比例不同，其冰点也不同，乙二醇的含量越多，冷却液的冰点越低。水与乙二醇按照体积 1∶1 混合而成的冷却液，其冰点约为 —35.5℃。

在水中加入防冻剂还可以提高冷却液的沸点。如含 50%乙二醇的冷却液在大气压力下的沸点是 103℃。因此，防冰剂有防止冷却液过早沸腾的附加作用。

在防冻剂中一般加入着色剂，使冷却液呈蓝色或黄色以便识别。

§2—8　起　动　系

学习目标

1. 了解起动系的作用。
2. 掌握起动机的结构。

汽车上广泛采用电力起动。电力起动是通过点火开关控制起动机（直流电动机）的工作，将起动机产生的电磁转矩传递给发动机的飞轮，达到起动发动机的目的。这种起动方式具有操作简单、体积小、质量轻、安全可靠、起动迅速和可以重复起动等优点。

如图 2—66 所示为典型的电力起动系的组成示意图，主要由点火开关、蓄电池、起动继电器和起动机等组成。起动机是起动系中最主要的组成部件。

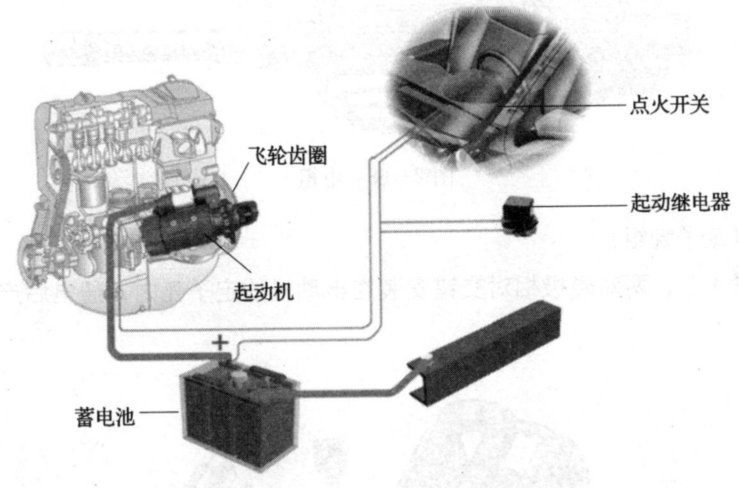

图 2—66 起动系的组成

一、起动机的构造

起动机由串励式直流电动机、传动机构和操纵机构三部分组成。汽车上广泛采用的起动机为电磁操纵强制啮合式起动机，如图 2—67 所示。

图 2—67 起动机

1. 串励式直流电动机

串励式直流电动机由电枢、磁极等主要部件组成。

(1) 电枢

电枢是直流电动机的旋转部分，包括电枢轴、换向器、电枢铁心、电枢绕组等，如图 2—68 所示。电枢绕组一般采用单匝绕组，其各线圈的端头均焊接在换向器片上，通过电刷和换向器将蓄电池的电流引入，旋转产生电磁转矩。

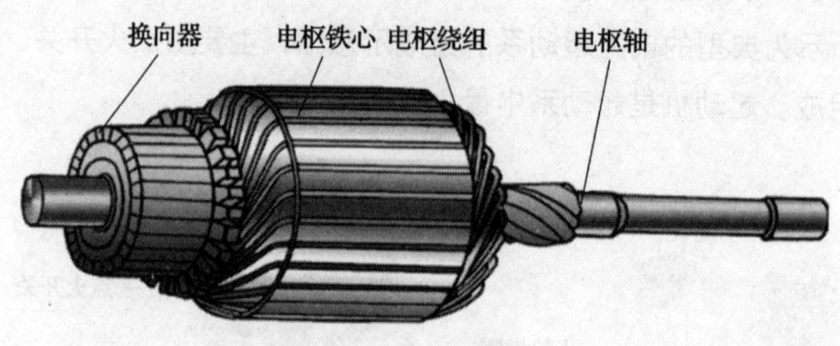

图 2—68　电枢

(2) 磁极 (定子绕组)

磁极一般是 4 个，两对磁极相对交错安装在电动机的定子壳内，通电后产生磁场，如图 2—69 所示。

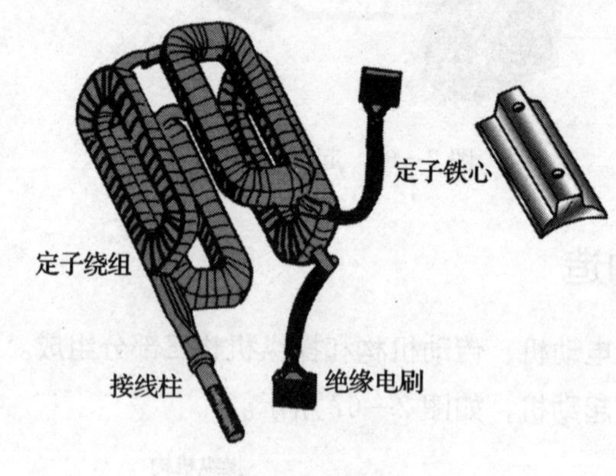

图 2—69　磁极

2. 传动机构

传动机构又称离合器或啮合器，其作用是在发动机起动时，使驱动小齿轮啮入飞轮齿圈 (图 2—70)，将起动机的转矩传递给发动机曲轴；在发动机起动后，又能使起动机小齿轮与飞轮齿圈自动脱开。

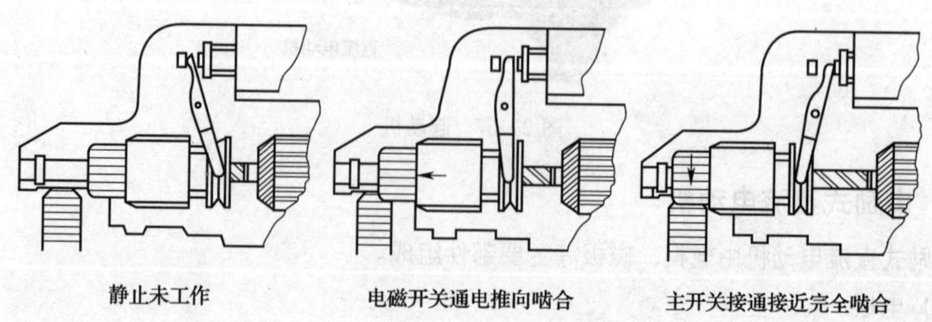

图 2—70　起动机驱动齿轮啮合过程

常见起动机单向离合器主要有滚柱式、弹簧式和摩擦片式三种。

3. 操纵机构

操纵机构应用最多的是电磁式结构，主要组成部分有吸引线圈、保持线圈、接触片、接线柱等（图 2—71）。当起动开关置于起动挡时，吸引线圈、保持线圈同时通电，使铁心移动，推动驱动齿轮与飞轮进入啮合，当驱动齿轮与飞轮完全啮合后，接触片与主接线柱接触，蓄电池直接为电动机供电；断开起动开关，电流消失，电动机停转，回位弹簧推动拨叉，使驱动齿轮回位，与飞轮脱开。

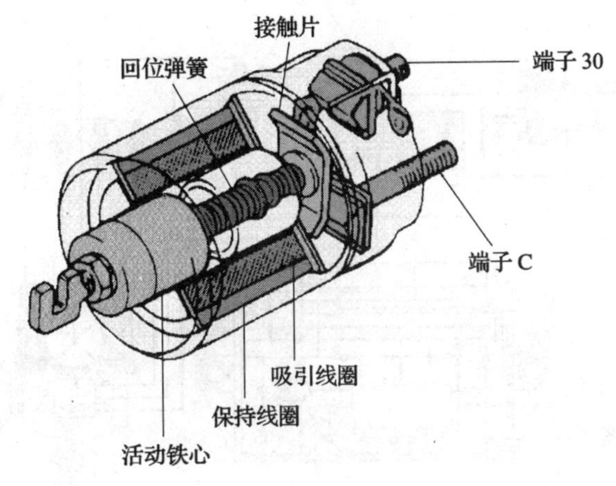

图 2—71 传动机构的组成

二、起动机的正确使用

(1) 起动机每次起动时间不超过 5 s，再次起动时应间隔 15 s 以上。

(2) 在冬季或低温情况下起动时，应采取保温措施。

(3) 发动机起动后，应立即切断起动机控制电路。

§2—9 点 火 系

学习目标

1. 了解点火系的作用。
2. 掌握电子点火系的结构和组成。
3. 了解火花塞的类型。

点火系的作用是将汽车电源供给的低压电转变为高压电，并按发动机的做功顺序和点火时间要求，配送至各缸的火花塞，在其间隙处产生火花，点燃可燃混合气。

点火系分传统点火系、电子点火系和微机控制点火系三种。目前，传统点火系已经淘汰。

一、电子点火系

电子点火系主要由电源、点火线圈、点火开关、分电器、火花塞、点火器及点火信号发生器等部件组成，如图 2—72 所示。

电子点火系采用点火信号发生器产生的信号控制点火系一次侧电路的接通和断开，从而达到点火的目的。

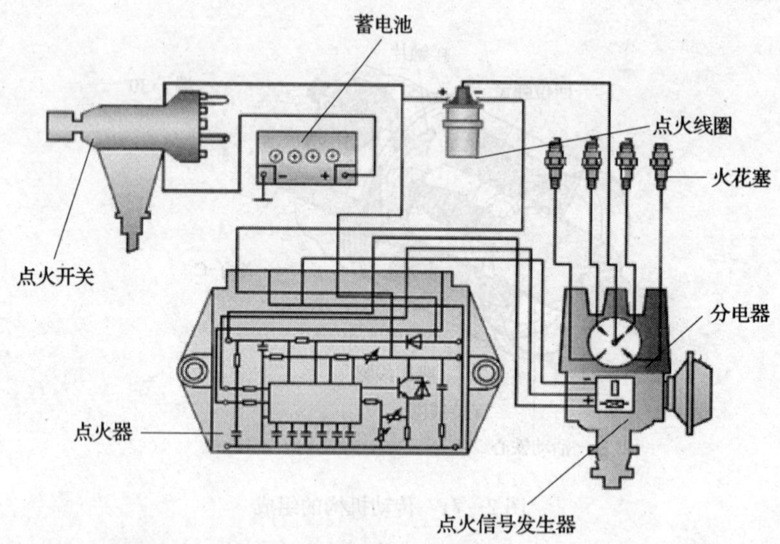

图 2—72 电子点火系

1. 点火线圈

点火线圈（图 2—73）的作用是将电源提供的低压电变成能击穿火花塞电极间隙的高压电，它是点火装置的核心组件，实质是利用电磁互感原理制成的高倍率变压器。

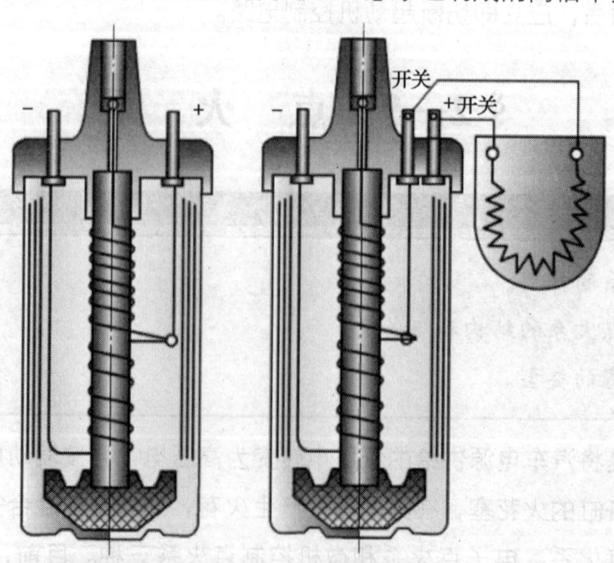

图 2—73 点火线圈

2. 分电器

分电器是点火装置中结构最复杂、功能最多的设备，由配电器、点火信号发生器和点火调节机构等组成，由凸轮轴上的螺旋齿轮驱动，如图 2—74 所示。

图 2—74 分电器

配电器由分火头和分电器盖组成，其作用是将点火线圈产生的高压电按发动机的工作循序送至工作缸火花塞。

点火信号发生器（图 2—75）通常安装在分电器上。当分电器轴转动时，点火信号发生器产生一电信号并送至点火器，点火器对电信号进行适当的处理以控制点火系的一次侧电路的接通和断开，使点火线圈产生高压电。

目前，汽车上应用最为广泛的电子点火系按点火信号发生器的不同，主要分为电磁式、霍尔式和光电式等。

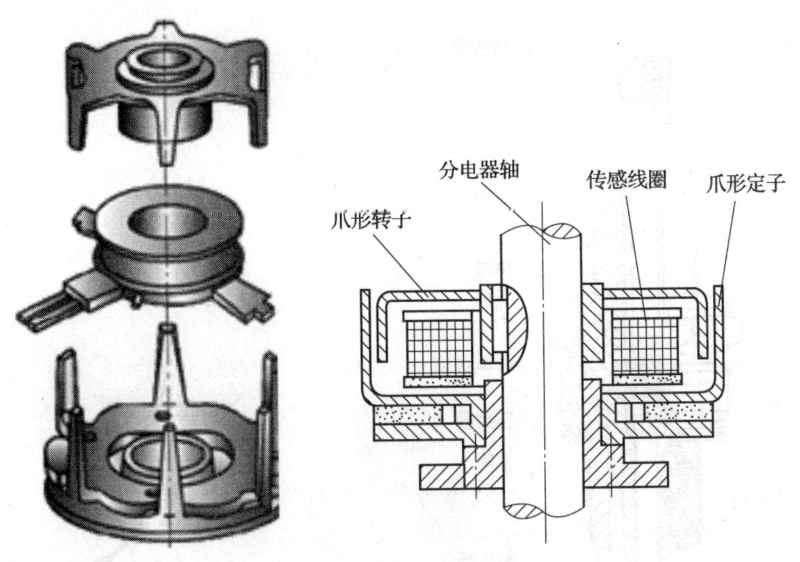

图 2—75 点火信号发生器

点火调节机构分为真空式点火调节机构和离心式点火调节机构。真空式点火调节机构是根据发动机负荷的变化自动调节点火提前角，使点火提前角随发动机负荷的增大而减小。离心式点火调节机构是根据发动机的转速变化自动调节点火提前角，使点火提前角随发动机的转速提高而增大。

3. 火花塞

火花塞的作用是将高压电引进发动机燃烧室，在电极间形成火花，以点燃可燃混合气。火花塞拧装于气缸盖的火花塞孔内，下端电极伸入燃烧室。上端连接分缸高压线。火花塞是点火系中工作条件恶劣、要求高和易损坏的部件，其外形如图 2—76 所示。

图 2—76　火花塞

火花塞主要由接触头、瓷绝缘体、中心电极、侧电极和壳体等部分组成，如图 2—77 所示。

在钢质外壳的内部固定有高氧化铝陶瓷绝缘体，在绝缘体中心孔的上部有金属杆，杆的上端有接线螺母，用来接高压导线，下部装有中心电极。金属杆与中心电极之间用导电玻璃密封，铜质内垫圈起密封和导热作用。钢质外壳的上部有便于拆装的六角平面，下部有螺纹以便旋装在发动机气缸盖内，外壳下端固定有弯曲的侧电极。

电极一般采用耐高温、耐腐蚀的镍锰合金钢或铬锰氮、钨、镍锰硅等合金制成，也有采用镍包铜材料制成，以提高散热性能。火花塞电极间隙多为 0.7～0.9 mm，电子点火系火花塞间隙可增大至 0.9～1.1 mm，如图 2—78 所示。

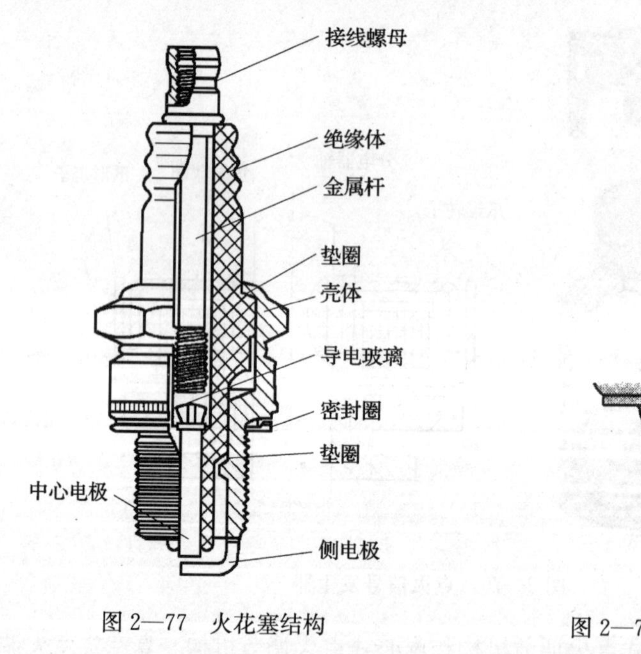

图 2—77　火花塞结构

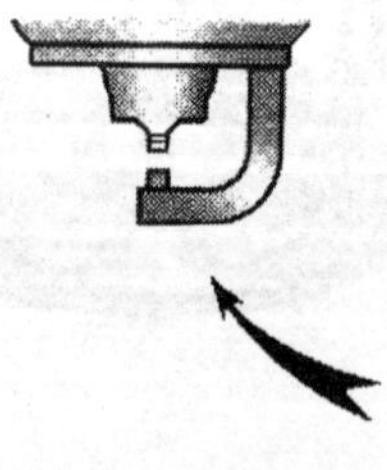

图 2—78　火花塞间隙

二、微机控制点火系

微机控制点火系的工作原理与电子点火系高压电的产生原理相同。与电子点火系相比，微机控制点火系所控制的点火提前角更接近发动机的理想点火提前角。在各种运行情况下，点火提前角可获得复杂而精确的控制。在怠速时，最佳点火提前角在保证发动机运转平稳的前提下，控制污染物的排放在最低限度；在部分负荷时，以经济性为控制目标，最佳点火提前角应保证发动机的最低燃油消耗量；在大负荷和加速工况时，以动力性为主，最佳点火提前角应使发动机获得最大的输出扭矩。

图 2—79 所示为微机控制点火系工作原理图。

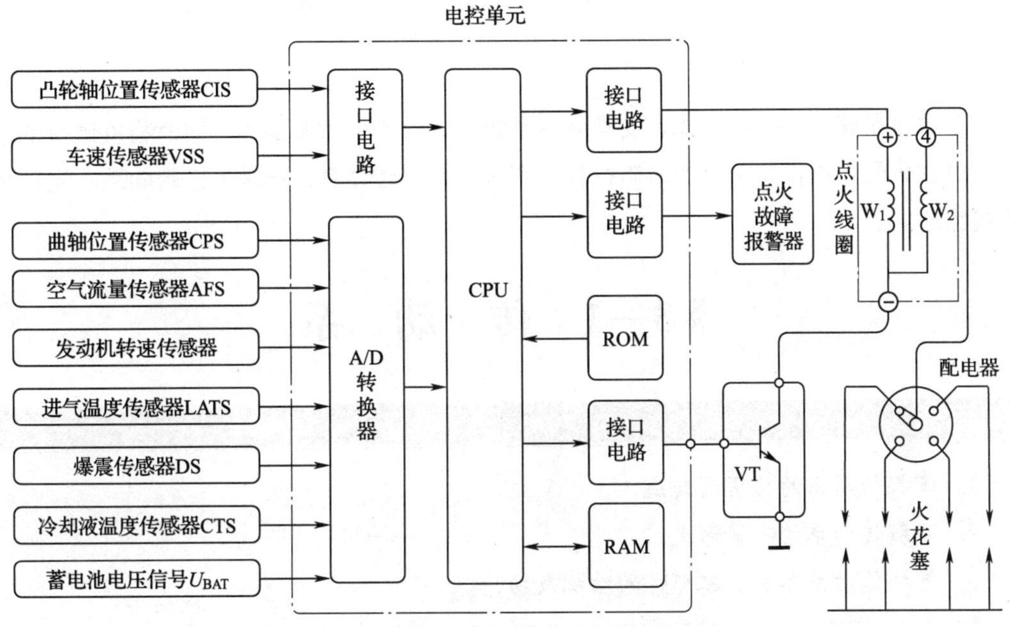

图 2—79 微机控制点火系工作原理图

第三章　底　　盘

汽车底盘是整个汽车的基体，支承着发动机、车身等各种零部件，同时将发动机的动力进行传递和分配，并按驾驶员的意志行驶。汽车底盘由传动系、行驶系、转向系、制动系四大系统组成。

§3—1　传　动　系

学习目标

1. 掌握传动系的功用及组成。
2. 了解传动系的布置形式。
3. 掌握传动系各主要零部件的结构及功用。

一、传动系的功用和组成

汽车传动系的基本功用是将发动机发出的动力传给驱动车轮。

汽车传动系分为机械式传动系和液力机械式传动系。机械式传动系广泛应用于现代各类汽车上。发动机发出的动力依次经过离合器、变速器，以及万向节和传动轴组成的万向传动装置，传至安装在驱动桥中的主减速器、差速器和半轴，最后传到驱动轮，如图3—1所示。

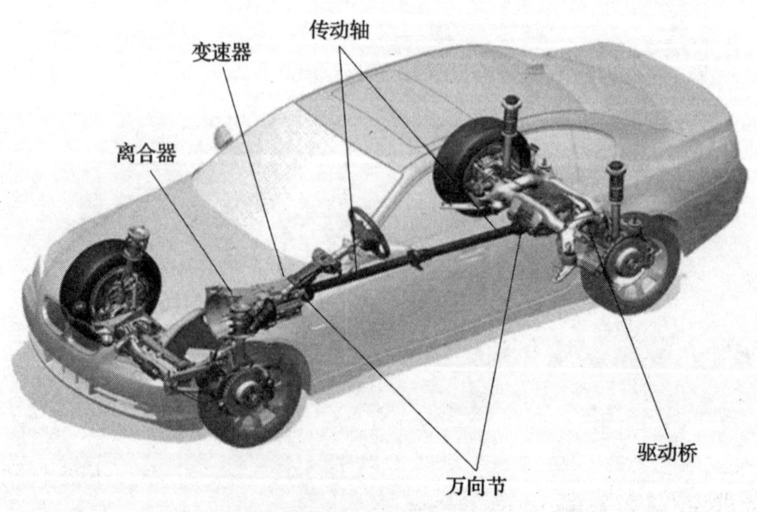

图3—1　机械式传动系

采用自动变速器的轿车广泛采用液力机械传动，其传动系由自动变速器、万向传动装置、驱动桥等组成，如图 3—2 所示。

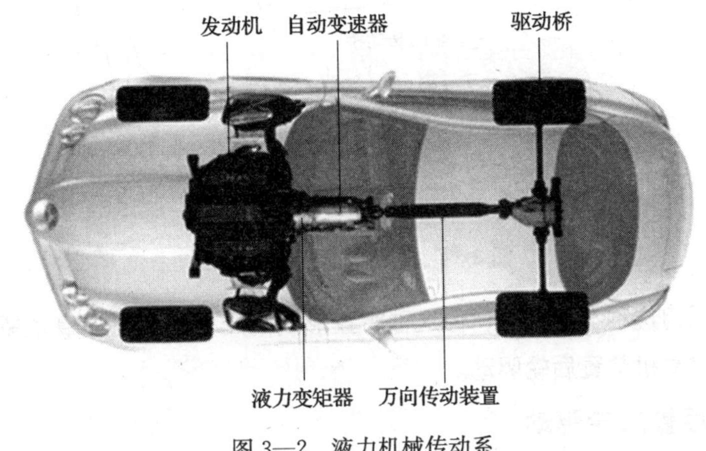

图 3—2　液力机械传动系

二、传动系的布置形式

汽车底盘的总体布置与发动机的位置及汽车的驱动方式有关，一般分为发动机前置后轮驱动、发动机前置前轮驱动、发动机后置后轮驱动、发动机前置全轮驱动等。

1. 发动机前置后轮驱动

如图 3—3 所示，发动机布置在汽车前部，动力经过离合器、变速器、万向传动装置、后驱动桥，最后传到后驱动车轮，使汽车行驶。这是一种传统的布置形式，应用广泛。

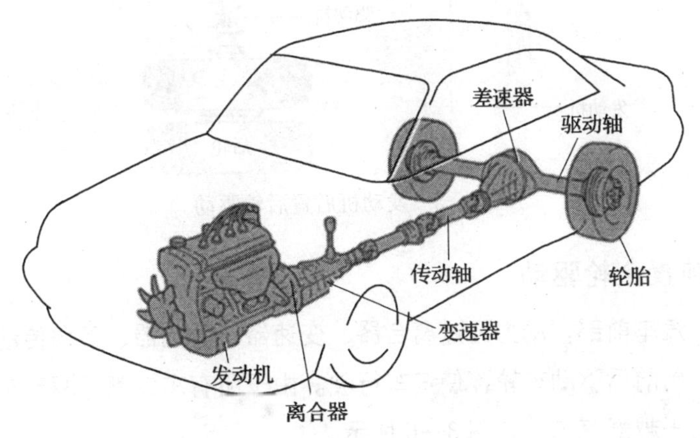

图 3—3　发动机前置后轮驱动

2. 发动机前置前轮驱动

如图 3—4 所示，发动机布置在汽车前部，动力经过离合器、变速器、前驱动桥，最后传到前驱动车轮，这种布置形式在变速器与驱动桥之间省去了万向传动装置，使结构简单紧凑，整车质量小，高速时操纵稳定性好。

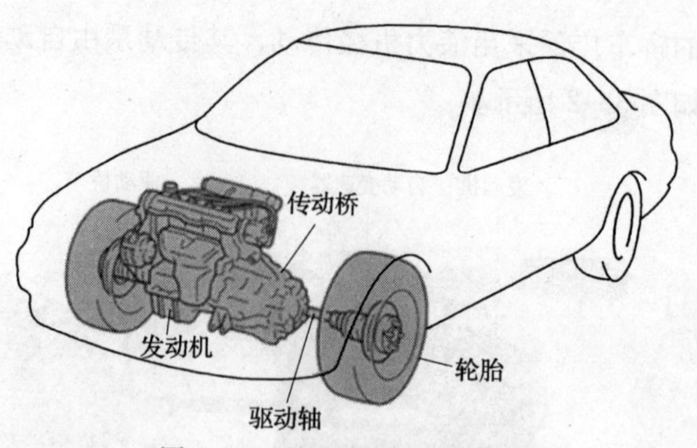

图 3—4　发动机前置前轮驱动

大多数轿车采用这种布置形式，但这种布置形式的爬坡性能差，豪华轿车一般不采用，而是采用传统的发动机前置后轮驱动。

3. 发动机后置后轮驱动

发动机布置在汽车后部，动力经过离合器、变速器、角传动装置、万向传动装置、后驱动桥，最后传到后驱动车轮，使汽车行驶。这种布置形式便于车身内部的布置，一般用于大型客车，如图 3—5 所示。

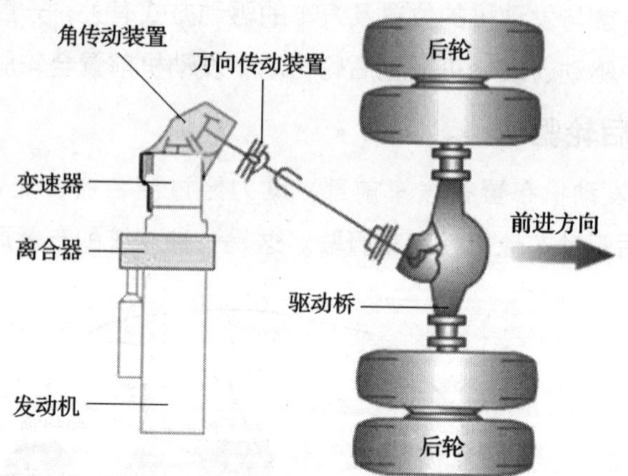

图 3—5　发动机后置后轮驱动

4. 发动机前置全轮驱动

发动机布置在汽车前部，动力经过离合器、变速器、分动器、万向传动装置分别到达前后驱动桥，最后传到前后驱动车轮，使汽车行驶。由于所有车轮都是驱动车轮，提高了汽车的通过性能，常用于越野汽车，如图 3—6 所示。

三、传动系的主要部件

1. 离合器

(1) 离合器的功用

离合器位于发动机与变速器之间（图 3—7)。其主动部分与发动机的飞轮连接，从动部分与变速器连接。在汽车从起步到行驶的整个过程中，驾驶员可根据需要踏下和松开离合器踏板，使发动机和变速器暂时分离和逐渐接合，以切断或传递发动机向变速器输出的动力。

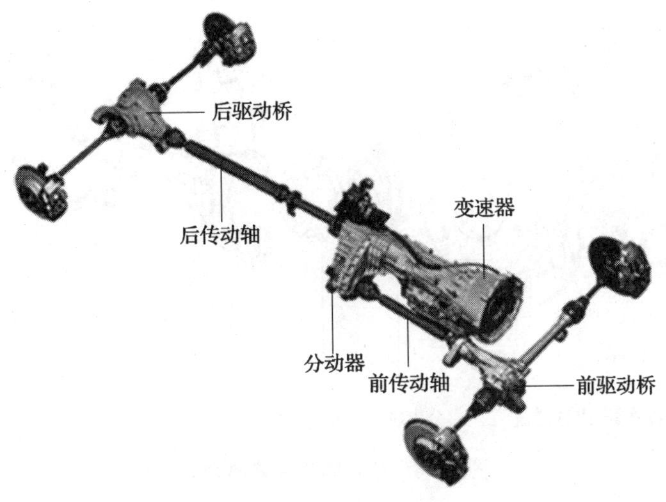

图 3—6　发动机前置全轮驱动示意图

图 3—7　离合器的安装位置

(2) 离合器的类型

现代汽车多采用螺旋弹簧离合器和膜片弹簧离合器。

1) 螺旋弹簧离合器　螺旋弹簧离合器分单片和双片两种，结构基本相同，都由主动部分（离合器盖和压盘等）、从动部分（从动盘）、压盘弹簧和分离机构（分离杠杆、分离轴承、分离套筒、分离叉组件）等部分组成。如图 3—8 所示为单片螺旋弹簧离合器。

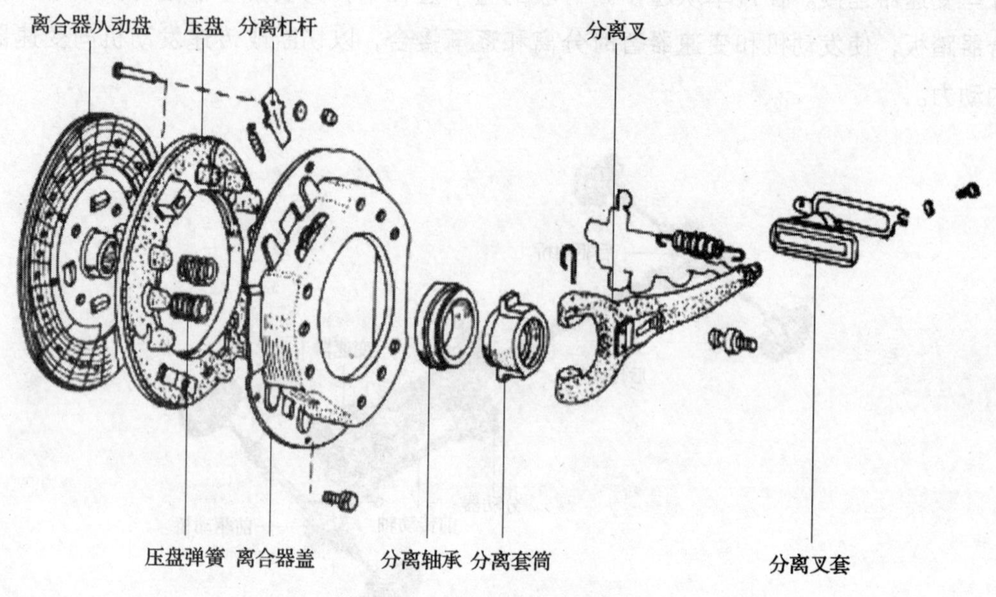

图 3—8 单片螺旋弹簧离合器

离合器盖通过螺栓固定在发动机飞轮上，压盘弹簧通过压盘将从动盘紧压在发动机飞轮上，从动盘的键槽套在变速器的输入轴上。当发动机旋转时，带动离合器盖和压盘旋转，通过从动盘和飞轮间产生的摩擦力带动从动盘旋转，将动力传给变速器。

双片螺旋弹簧离合器的工作原理和单片螺旋弹簧离合器基本相同，多了一个中间从动盘。

2）膜片弹簧离合器 膜片弹簧离合器主要由从动盘、压盘、离合器盖、膜片弹簧及操纵机构等组成（图 3—9）。离合器盖通过螺栓固定在发动机飞轮上，与飞轮一起转动。其中，膜片弹簧本身兼具压紧弹簧和分离杠杆的作用。当离合器接合时，膜片弹簧通过压盘将从动盘紧压在飞轮端面上；从动盘通过内花键与变速器的输入轴相连，把发动机的转矩输入变速器。当离合器分离时，离合器操纵机构推动分离轴承左移，膜片弹簧反向变形，使压盘和从动盘分离，动力被切断。

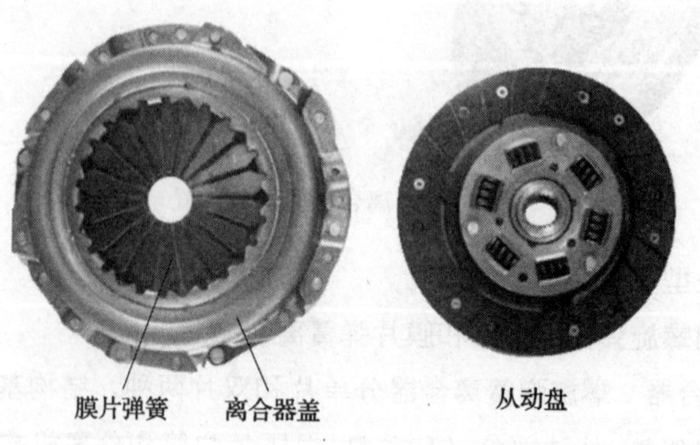

图 3—9 膜片弹簧离合器

(3) 离合器的操纵机构

目前，汽车离合器广泛采用机械式和液压式操纵机构，在一些车辆上，也有采用以这两种为基础的气压式或弹簧助力式操纵机构。

机械式操纵机构有杆系传动和绳索传动两种形式。

液压式操纵机构如图 3—10 所示，主要由主缸、工作缸（也称为总泵、分泵）和管路系统等组成。目前，液压式操纵机构在各类型车上应用广泛。

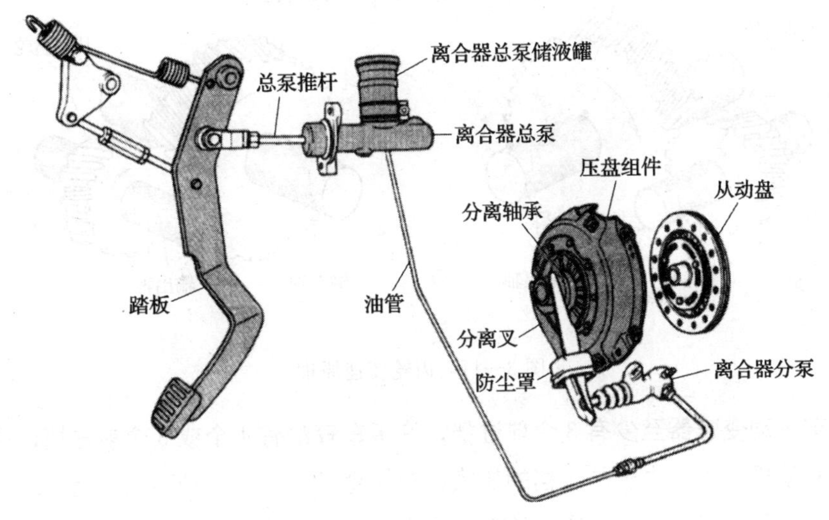

图 3—10　液压式操纵机构

2. 变速器

(1) 变速器的功用

在发动机前置后轮驱动的机械式传动形式中，变速器位于离合器与万向传动装置之间。在汽车行驶中需要驾驶员频繁控制变速器操纵杆，以便换入能满足不同运行要求的挡位。变速器有三类挡位：前进挡、空挡和倒挡，变速器的功能就是由这三类挡位实现的。

前进挡：通过改变传动比，扩大驱动轮转矩和转速的变化范围，以适应经常变化的行驶条件，使发动机在有利的工况下工作。

空挡：使车辆在离合器结合状态下中断发动机与驱动桥间的动力传递，使发动机能够起动和怠速运转，满足汽车暂时停车或滑行的需要。

倒挡：在发动机旋转方向不变的前提下，使汽车能倒向行驶。

(2) 变速器的类型

变速器类型繁多，按操纵方式分为手动变速器和自动变速器。手动变速器靠驾驶员直接操纵变速杆进行换挡，换挡机构简单，工作可靠，但操作复杂。自动变速器能根据汽车的运行状况自动换挡，无离合器，通过加速踏板控制车速，操作简单，但结构复杂。

(3) 手动变速器的结构和工作原理

普通齿轮变速器通常采用多组大小不同的齿轮啮合传动，构成多个不同的挡位。对应于不同的挡位，均有不同的传动比值，从而可得到多种不同的输出转速。

由齿轮传动的原理可知，一对齿数不同的齿轮啮合传动时可以变速变矩（图 3—11），齿轮的转速与其齿数成反比。主动齿轮转速与从动齿轮转速之比值称为传动比。降速则增扭，增速则降扭，普通齿轮式变速器就是利用不同齿数的齿轮啮合改变各挡位传动比来改变输出转速，从而改变其输出转矩，以适应汽车行驶阻力的变化。

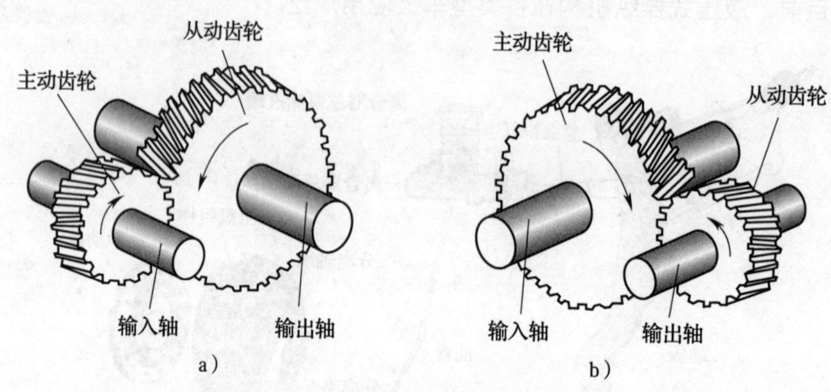

图 3—11　齿轮变速原理

一般汽车手动变速器至少有 3 个前进挡，许多车辆都有 4 个或 5 个前进挡，这样即使对应着相同的发动机转速，由于前进挡的变换，车辆也可以获得几种不同的运行速度。变速器传动比小的挡位称为高挡，传动比大的挡位称为低挡。

变速器齿轮安装在不同的平行轴上，有的齿轮与轴固定，有的齿轮空套在轴上，通过接合装置来实现动力的传递。根据主要轴的数目可分为两轴式变速器和三轴式变速器。图 3—12 所示为两轴式变速器。

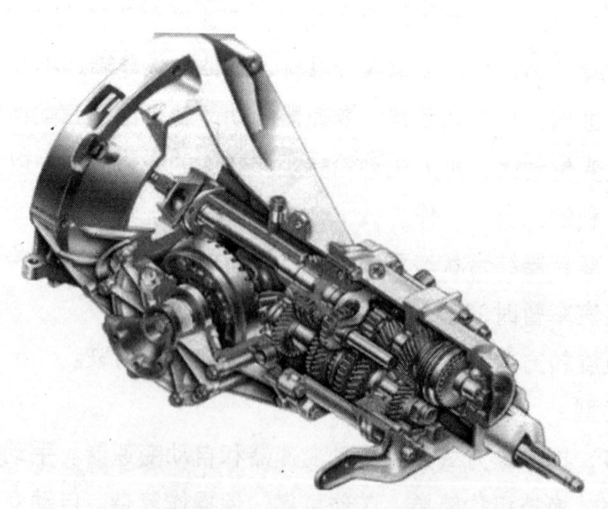

图 3—12　两轴式变速器

第一轴也称为输入轴或主动轴，第一轴前端用轴承支承在曲轴中心孔内，前端与离合器从动盘通过花键连接，中段及后端通过轴承支承在变速器壳体上。第一轴上共有 6 个齿轮，两个同步器。其中，三、四、五挡齿轮分别用滚针轴承空套在第一轴上，三、四挡中间有一个同步器，五挡有一个同步器；它们通过花键毂与轴连接，并能在拨叉作用下左右移动。一、二挡和倒挡的齿轮与第一轴固定。

第二轴也称为输出轴或从动轴，第二轴前、后端两处通过轴承安装在壳体上，第二轴上有七个齿轮，一个同步器。其中，六个圆柱齿轮与第一轴齿轮对应，一个锥齿轮作为主减速器的主动齿轮。三、四、五挡齿轮与第二轴固定，一、二挡齿轮用滚针轴承空套在第二轴上，同步器位于一、二挡齿轮中间，通过花键毂与第二轴连接。第二轴上倒挡齿轮与同步器接合套连成一体。

在第二轴中部一侧，还装有一根较短的倒挡轴。它是固定式轴，倒挡齿轮空套在倒挡轴上，可在倒挡拨叉的作用下左右移动。

变速器中同步器的功用是使接合套与待啮合的齿圈迅速同步，实现无冲击换挡，缩短换挡时间，简化驾驶员的换挡操作。

该变速器有 5 个前进挡和 1 个倒挡。操纵变速杆，通过接合套的移动，可实现不同传动比的动力传递。图 3—13 所示为该变速器的动力传递过程，表 3—1 所示为变速器的动力传递路线。

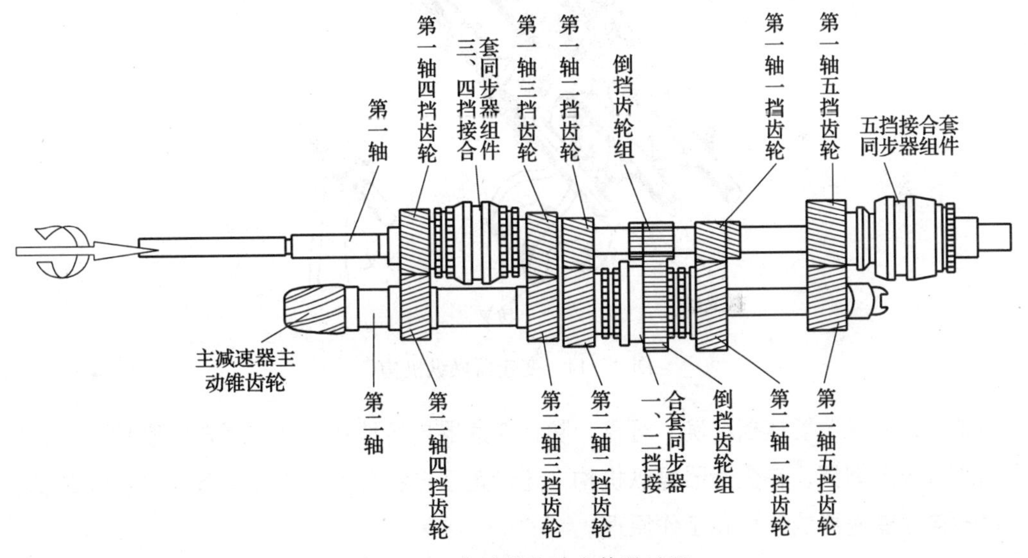

图 3—13 变速器的动力传递过程

表 3—1 变速器的动力传递路线

挡位	动力传递路线
空挡	操纵换挡杆，使各挡同步器接合套处于中间位置，此时动力不传给输出轴
一挡	一、二挡同步器接合套右移：第一轴→第一轴一挡齿轮→第二轴一挡齿轮→一、二挡同步器接合套花键毂→第二轴
二挡	一、二挡同步器接合套左移：第一轴→第一轴二挡齿轮→第二轴二挡齿轮→一、二挡同步器接合套花键毂→第二轴

续表

挡位	动力传递路线
三挡	三、四挡同步器接合套右移：第一轴→三、四挡同步器接合套花键毂→第一轴三挡齿轮→第二轴三挡齿轮→第二轴
四挡	三、四挡同步器接合套左移：第一轴→三、四挡同步器接合套花键毂→第一轴四挡齿轮→第二轴四挡齿轮→第二轴
五挡	五挡同步器接合套左移：第一轴→五挡同步器接合套花键毂→第一轴五挡齿轮→第二轴五挡齿轮→第二轴
倒挡	倒挡轴上的倒挡齿轮右移：第一轴→第一轴倒挡齿轮→倒挡轴上倒挡齿轮→第二轴上倒挡齿轮→一、二挡同步器接合套花键毂→第二轴，反向输出动力

变速器操纵机构由换挡杆、拨叉、拨叉轴和锁止机构组成，如图 3—14 所示。驾驶员通过移动换挡杆操纵拨叉轴移动，拨叉固定在拨叉轴上，在随拨叉移动的同时，拨叉推移齿轮或接合套，实现挡位变换。

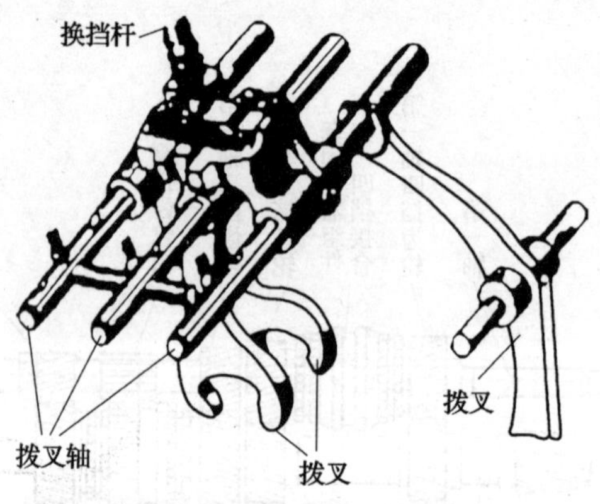

图 3—14　变速器操纵机构

为了保证变速器能挂挡准确、可靠，防止变速器自行挂挡、挂挡后自行脱挡、同时挂入两个挡或误挂入倒挡，在变速器操纵机构中还设置了自锁装置、互锁装置和倒挡锁装置。

(4) 自动变速器的结构和工作原理

自动变速器是指汽车行驶时，变速器的操纵和换挡操纵全部或部分实行自动化。与手动变速器相比，自动变速器具有操作简单省力、行车安全性好、生产率高、舒适性好、机件的使用寿命长、动力性和排放性能好等优点；但也存在结构复杂、精度高、成本高、传动效率低、维修困难等缺点。

目前，轿车绝大部分自动变速器采用电子控制辅助液压控制系统完成换挡。它主要由液力变矩器、行星齿轮变速器、液压控制系统、电子控制系统、变速器壳体等组成(图 3—15)。发动机的动力经液力变矩器变速变矩，再经过行星齿轮变速器进一步变速变矩输出动力。

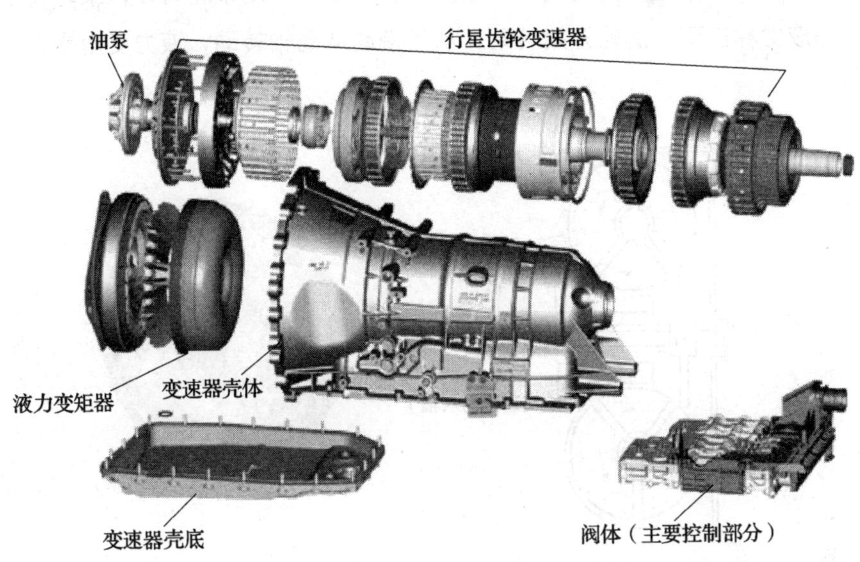

图 3—15 典型自动变速器的结构

如图 3—16 所示，电子控制单元（ECU）根据发动机的节气门开度、汽车车速等各种运转参数，按照预先设定的控制程序发出换挡等控制信号，通过各种电磁阀（换挡电磁阀、油压电磁阀等）来操纵阀体总成的工作，完成换挡等控制任务。

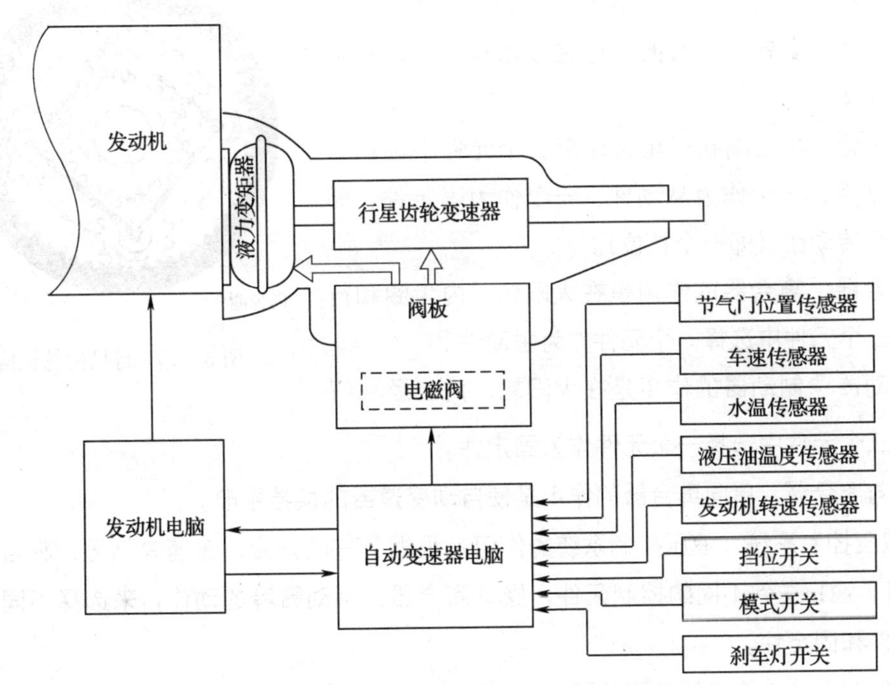

图 3—16 自动变速器电子控制原理图

1）液力变矩器 液力变矩器主要由泵轮、涡轮和导轮等组成，如图 3—17 所示。液力变矩器的壳体通过螺栓固定在发动机飞轮上，而泵轮与壳体制成一体，涡轮上套装有从动轴

(变速器输入轴)，液力变矩器内充满工作液。飞轮转动时带动泵轮转动，泵轮将工作液甩出冲击涡轮，在液力冲击下，涡轮开始转动，从而带动从动轴转动，液力变矩器将发动机动力传给变速器。

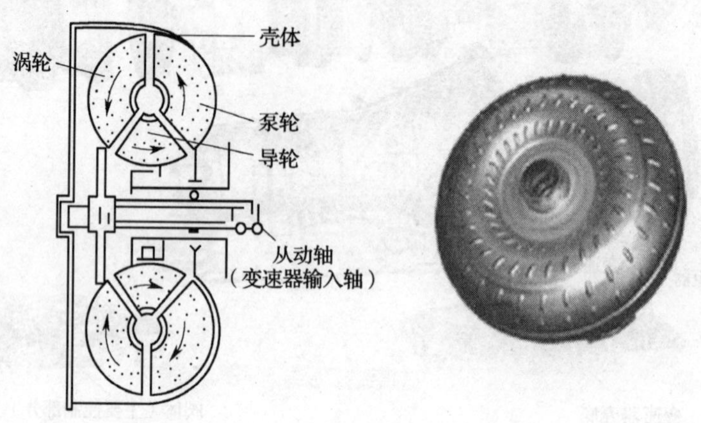

图 3—17 液力变矩器

2）行星齿轮变速器 行星齿轮变速器主要由行星齿轮机构、离合器、制动器和单向离合器等组成。

①行星齿轮机构 行星齿轮变速器内一般设置 2～3 组行星齿轮机构实现自动变速器的多挡位控制。行星齿轮机构主要由太阳轮、内齿圈、行星齿轮和行星齿轮架等组成，如图 3—18 所示。

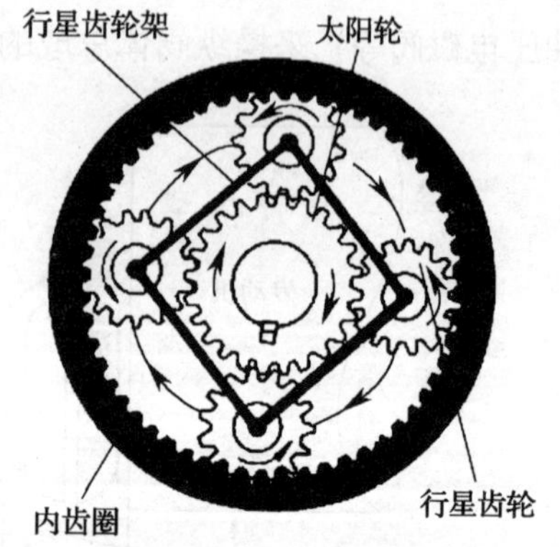

图 3—18 行星齿轮机构

在太阳轮、内齿圈和行星齿轮架三个元件中选择一个作为主动件、一个作为从动件、一个作为固定件，即可获得一个传动比（即一个挡位）。

②离合器 离合器的作用是在太阳轮、内齿圈和行星齿轮架三个元件中选择一个元件作为主动件。

③制动器 制动器的作用是在太阳轮、内齿圈和行星齿轮架三个元件中选择一个元件作为固定件。

④单向离合器 单向离合器的作用是使自动变速器的换挡平顺。

3）液压控制系统 液压控制系统的作用是根据节气门开度、车速等信号，将自动变速器油（ATF 油）送到不同的控制元件，操纵离合器、制动器等的动作，来选择不同的主动件、从动件和固定件。

液压控制系统主要包括液压油泵、主油路调压阀、手动阀、换挡阀和油道等。

4）电子控制系统 电子控制系统的作用是根据行驶要求来控制换挡，使换挡更精确、平顺，提高发动机燃油经济性，减少排放，同时还具有自诊断功能，方便故障诊断和维修。

电子控制系统主要由传感器、自动变速器 ECU 和执行器等组成。

3. 万向传动装置

(1) 万向传动装置的功用

万向传动装置的功用是在轴线相交且相对位置经常发生变化的两轴间传递动力，主要用于连接变速器与驱动桥或离合器与驱动桥、变速器与分动器、转向驱动桥、断开式驱动桥及连接转向操纵机构等。

(2) 万向传动装置的组成

万向传动装置主要包括万向节和传动轴，对于传动距离较远的分段式传动轴，为了提高传动轴的刚度，还设置有中间支承，如图 3—19 所示。

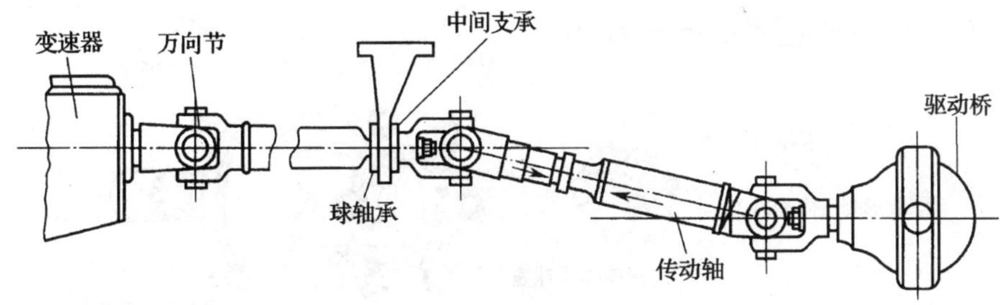

图 3—19 万向传动装置的组成

1) 万向节 万向节一般分为刚性万向节和柔性万向节。刚性万向节按其速度特性分为不等速万向节（十字轴式）、准等速万向节（双联式和三销轴式）和等速万向节（球叉式和球笼式）。目前，在汽车上应用较多的是十字轴式万向节和等速万向节。

①十字轴式万向节 十字轴式万向节如图 3—20 所示，它允许相邻两轴的最大交角为 15°～20°。

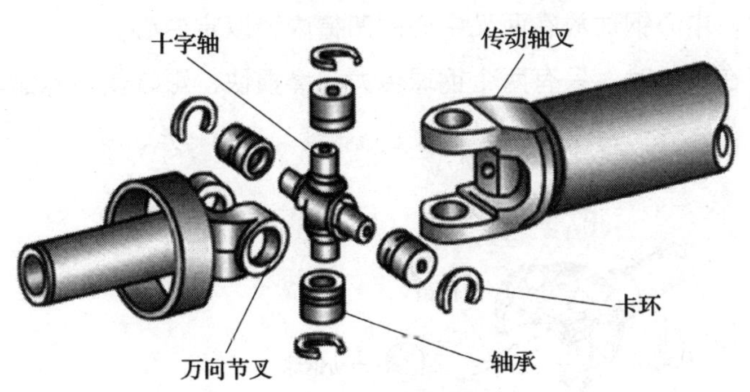

图 3—20 |字轴式万向节

十字轴式万向节主要由十字轴、万向节叉等组成。万向节叉上的孔分别套在十字轴的四个轴颈上。在十字轴轴颈与万向节叉孔之间装有滚针和套筒，用带有锁片的螺钉和轴承盖来使之轴向定位。

②等速万向节 等速万向节的常见结构形式有球笼式和球叉式。

a. 球笼式等速万向节　球笼式万向节由六个钢球、星形套、球形壳和保持架等组成，如图 3—21 所示。万向节星形套与主动轴用花键固接在一起，星形套外表面有六条弧形凹槽滚道，球形壳的内表面有相应的六条凹槽，六个钢球分别装在各条凹槽中，由保持架使其保持在同一平面内。动力由主动轴、钢球、球形壳输出。

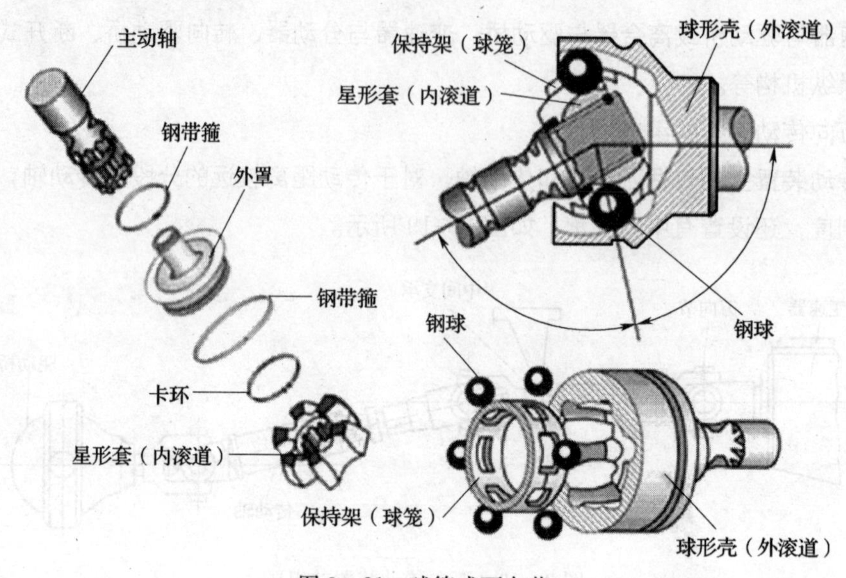

图 3—21　球笼式万向节

球笼式万向节工作时六个钢球都参与传力，故承载能力强、磨损小、寿命长。它被广泛应用于各种型号的转向驱动桥和独立悬架的驱动桥中。

b. 球叉式等速万向节　球叉式万向节由主动叉、从动叉、四个传动钢球、定心钢球、定位销、锁止销等组成，如图 3—22 所示。主动叉与从动叉分别与内、外半轴制成一体。在主、从动叉上，分别有四个曲面凹槽，装配后形成两个相交的环形槽，作为钢球滚道。四个传动钢球放在槽中，中心钢球放在两叉中心的凹槽内，以定中心。

球叉式万向节在工作时，只有两个钢球传力，磨损快，影响使用寿命，现在应用越来越少。

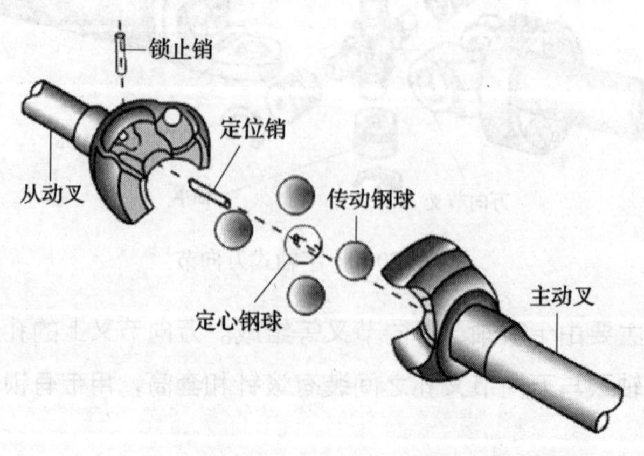

图 3—22　球叉式万向节

2）传动轴　传动轴是万向传动装置中的主要传力部件。它通常用来连接变速器（或分动器）和驱动桥，在转向驱动桥和断开式驱动桥中，则用来连接差速器和驱动车轮。

传动轴有实心轴和空心轴之分。为了减轻传动轴的质量，节省材料，提高轴的强度、刚度，传动轴多为空心轴，一般用厚度为 1.5～3.0 mm 的薄钢板卷焊而成，超重型货车则直接采用无缝钢管。

转向驱动桥、断开式驱动桥或微型汽车的传动轴通常制成实心轴。

传动轴两端的连接件装好后，应进行动平衡试验。在质量轻的一侧补焊平衡片，使其不平衡量不超过规定值。

传动轴分段时需加中间支承，中间支承通常装在车架横梁上，能补偿传动轴轴向和角度方向的安装误差，以及汽车行驶过程中因发动机窜动或车架变形等引起的位移。

4. 驱动桥

（1）驱动桥的功用

驱动桥的功用是降速、增大转矩，将万向传动装置输入的动力改变转动方向以后，分配到左右驱动轮，使汽车行驶，并且允许左右驱动轮可以以不同转速旋转。

（2）驱动桥的组成

驱动桥主要由主减速器、差速器、桥壳和半轴等组成，如图 3—23 所示。

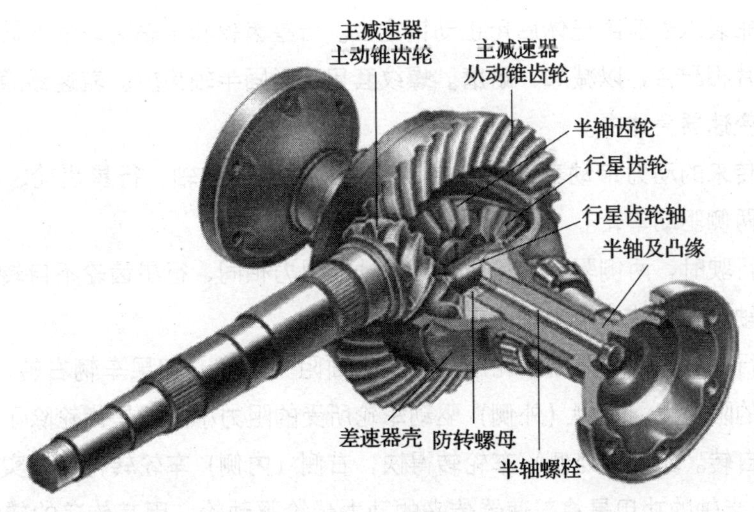

图 3—23　驱动桥的组成

1）主减速器　主减速器的功用是将变速器输出的动力进一步降低转速，增大转矩，并改变旋转方向，然后传递给驱动轮，以获得足够的汽车牵引力和适当的车速。主减速器分为单级主减速器和双级主减速器两种。单级主减速器由一对双曲面齿轮及其支承装置组成，主要用于轻型汽车和轿车；双级主减速器的第一级为圆锥齿轮传动，第二级为圆柱斜齿轮传动，一般用于中型或重型汽车。

2）差速器　差速器的功用是将主减速器传来的动力传给左、右两半轴，并在必要时允许左、右半轴以不同转速旋转，以满足两侧驱动轮差速的需要。图 3—24 所示为桑塔纳 2000 型轿车差速器。

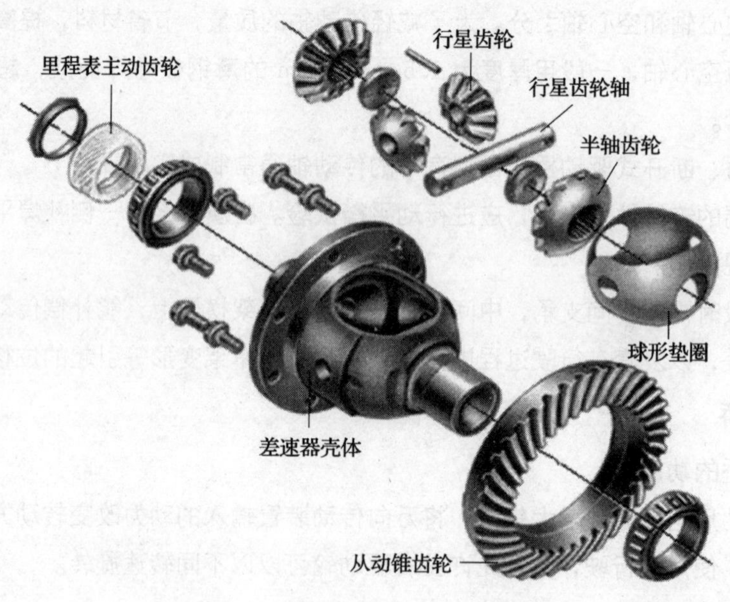

图 3—24 桑塔纳 2000 型轿车差速器

差速器由差速器壳、行星齿轮轴、2 个行星齿轮、2 个半轴齿轮、复合式推力垫片等组成。行星齿轮轴装入差速器壳体后用止动销定位。行星齿轮和半轴齿轮的背面制成球面，与复合式推力垫片相配合，以减摩、耐磨。螺纹套用于紧固半轴齿轮。差速器通过一对圆锥滚子轴承支承在变速器壳体中。

主减速器传来的动力带动差速器壳转动，经过行星齿轮轴、行星齿轮、半轴齿轮、半轴，最后传给两侧驱动车轮。

汽车直线行驶时，两侧驱动车轮所受到的地面阻力相同，行星齿轮不自转，只随差速器壳和行星齿轮轴一起公转，两半轴无转速差。

汽车转向行驶时，两侧驱动车轮所受到的地面阻力不同。如果车辆右转，右侧（内侧）驱动车轮所受的阻力大，左侧（外侧）驱动车轮所受的阻力小。行星齿轮除了随差速器壳公转外还顺时针自转。左侧（外侧）车轮转得快，右侧（内侧）车轮转得慢，实现纯滚动。

3）半轴　半轴的功用是将差速器传来的动力传给驱动轮。因其传递的转矩较大，常制成实心轴。

半轴的结构因驱动桥结构形式的不同而异。整体式驱动桥中的半轴为一刚性整轴。而转向驱动桥和断开式驱动桥中的半轴则分段并用万向节连接。半轴内端一般制有外花键与半轴齿轮连接。半轴外端有的直接在轴端锻造出凸缘盘，也有的制成花键与单独制成的凸缘盘滑动配合，还有的制成锥形并通过键和螺母与轮毂固定连接。

4）桥壳　桥壳的作用是支承并保护主减速器、差速器和半轴等，固定左右驱动轮的相对位置，支承汽车重量，传递车架与车轮之间的各向作用力。

按结构形式不同，桥壳可分为整体式和断开式两种。

§3—2 行 驶 系

学习目标

1. 了解行驶系的功用及组成。
2. 掌握行驶系各主要零部件的结构及功用。
3. 掌握车轮定位。

汽车行驶系一般由车架、车桥、车轮和悬架组成，如图 3—25 所示。车架是全车的装配基体，它将汽车的各相关总成连接成一个整体。车轮经轮毂轴承安装在车桥上，为减少车辆在不平路面上行驶时车身所受到的冲击和振动，车桥又通过悬架与车架相连，这样，行驶系就连接成为一个整体。

图 3—25 汽车行驶系

一、车架

车架的功用是安装汽车的各总成和部件，并使它们保持正确的相对位置；同时承受来自车上和地面的各种静、动载荷。

汽车车架按其结构形式可分为边梁式、无梁式、中梁式、综合式。图 3—26 所示为边梁式车架。

边梁式车架由两根位于两边的纵梁和若干根横梁组成，纵梁和横梁通过焊接或铆接相互连接成坚固的刚性构件。

纵梁一般用低碳合金钢板冲压而成，断面一般为槽形，也有的做成工字形或箱形断面。纵梁上还钻有很多孔，用以安装转向器、燃油箱、储气筒、蓄电池等零部件的支架，有的用于通过管道、电线，还有的是加工定位用孔等。

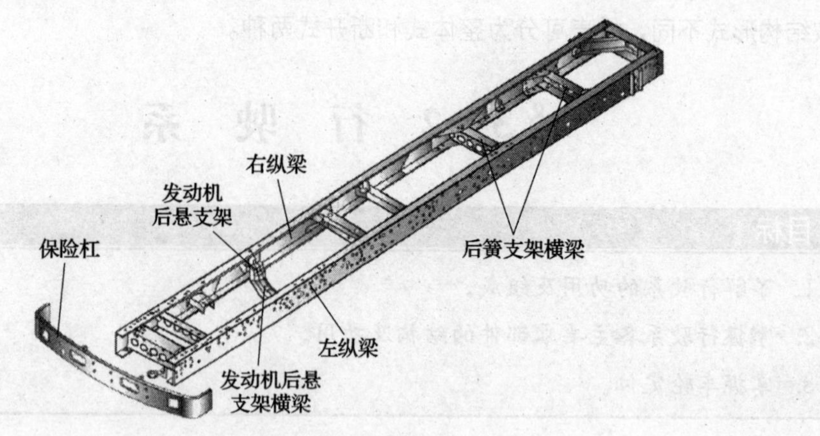

图 3—26 边梁式车架

横梁一般是用低碳钢板冲压成槽形，以增强车架的抗扭能力和承受纵向载荷。

二、车桥

1. 车桥的作用

车桥通过悬架与车架相连，两端安装车轮，其功用是传递车架与车轮之间的各种力和力矩。

2. 车桥的分类

(1) 按配用悬架结构不同，车桥分为整体式和断开式两种。

整体式车桥的中部是刚性实心或空心梁，与非独立悬架配用；断开式车桥属于活动关节式结构，与独立悬架配用。

(2) 按车桥上车轮的作用不同，车桥分为支持桥、驱动桥、转向桥、转向驱动桥四种类型。

1) 支持桥 仅用于连接安装左右车轮，既不产生驱动力，也不实现转向。前轮驱动汽车的后桥，多轴单桥驱动汽车的中桥或后桥以及挂车上的车桥属于支持桥。

2) 驱动桥 不仅用于承载，而且兼起驱动的作用。后轮驱动的汽车后桥和四轮驱动汽车的后桥为驱动桥。

3) 转向桥 功用是使车轮偏转一定角度，以实现汽车的转向，一般汽车只有一个转向桥，位于汽车前部。

4) 转向驱动桥 既能转向又能驱动的车桥。前轮驱动汽车和四轮驱动汽车的前桥为转向驱动桥。

现代轿车前桥广泛使用转向驱动桥。它在结构上具有一般驱动桥所具有的主减速器、差速器和半轴，也具有一般转向桥所具有的转向节、主销和轮毂。但由于转向的需要，半轴被分为两段（内半轴和外半轴），其间用万向节连接，同时主销也因而分制成上下两段。转向节轴颈部分做成中空，以便外半轴穿过其中。转向驱动桥的结构如图 3—27 所示。

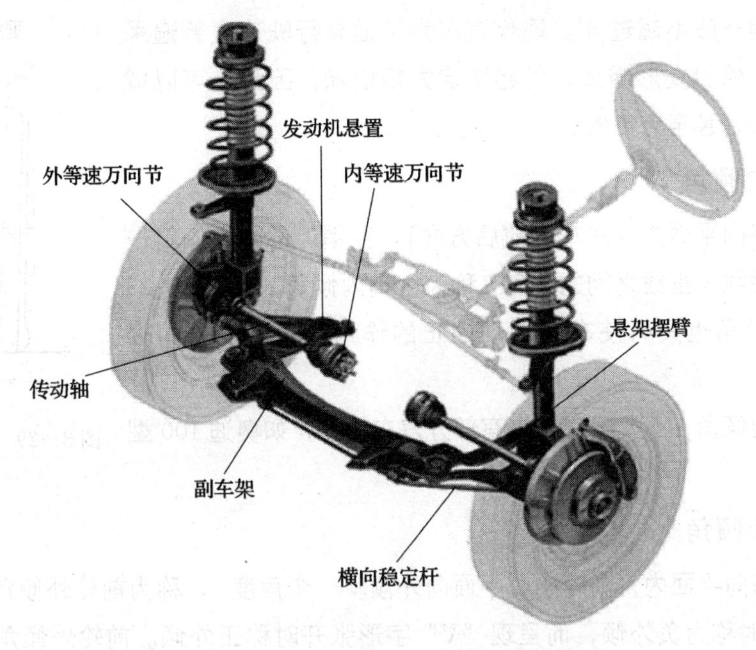

图 3—27 转向驱动桥示意图

三、车轮定位

所谓车轮定位，就是汽车的每个车轮（或通过转向节）和车桥、车架的安装应保持一定的相对位置。传统车轮定位主要是指前轮定位。但越来越多的现代汽车同时对后轮进行定位即四轮定位。前轮定位参数有主销后倾角、主销内倾角、前轮外倾角和前轮前束，后轮定位参数有后轮外倾角和后轮前束。

1. 主销后倾角

在汽车的纵向平面内（汽车的侧面），主销上部向后倾的一个角度 γ，称为主销后倾角，如图 3—28 所示。主销后倾角的存在能产生回正的稳定力矩，保证汽车能稳定地直线行驶。

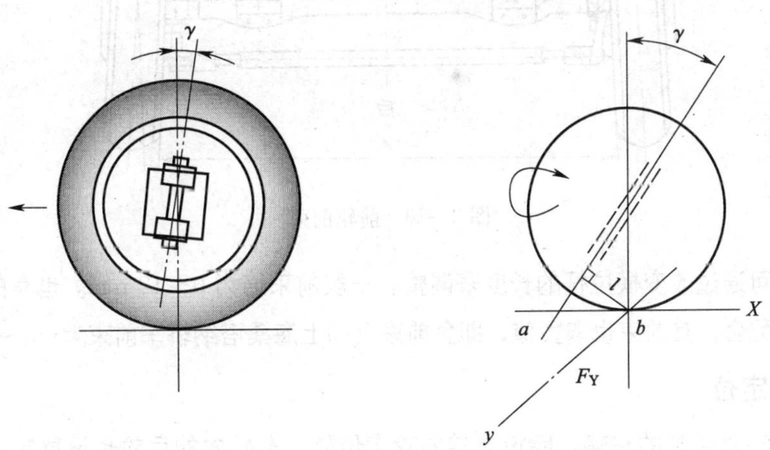

图 3—28 主销后倾角

主销后倾角一般不超过 3°。现代汽车为了提高行驶速度普遍采用扁平低压胎，轮胎变形增加，引起稳定力矩增加，因此 γ 可以减小甚至接近于零，甚至为负值。

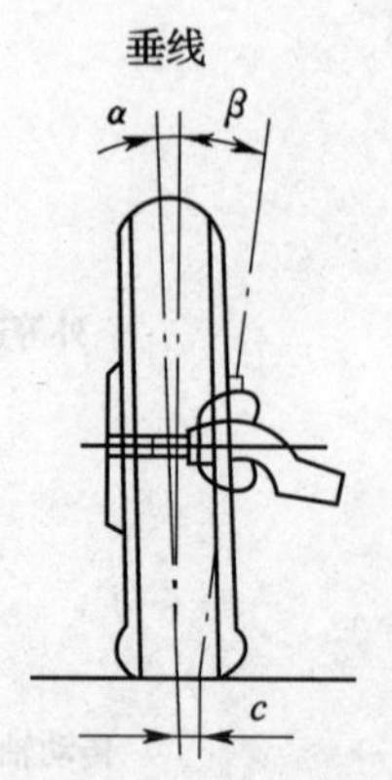

图 3—29　主销内倾角

2. 主销内倾角

在汽车的横向平面内（汽车的前后方向），主销上部向内倾斜一个角度，主销轴线与垂线之间的夹角 β 称为主销内倾角，如图 3—29 所示。主销内倾角也具有使车轮自动回正的作用，还能使转向轻便。

一般主销内倾角 β 不大于 8°，也有部分汽车较大，如奥迪 100 型轿车为 14.2°。

3. 前轮外倾角

在汽车的横向平面内，前轮中心平面向外倾斜一个角度 α，称为前轮外倾角，轮胎呈现“八”字形张开时称为负外倾，而呈现“V”字形张开时称正外倾。前轮外倾角也具有提高转向操纵的轻便性和车轮工作安全性的作用。

现代汽车将外倾角一般设定为 1°左右，有的接近垂直，有的为负值。

4. 前轮前束

俯视车轮，汽车的两个前轮的旋转平面并不完全平行，而是稍微带一些角度，这种现象称为前轮前束。A—B 之差即为前轮前束值，如图 3—30 所示。前轮前束具有使车轮回正的作用。

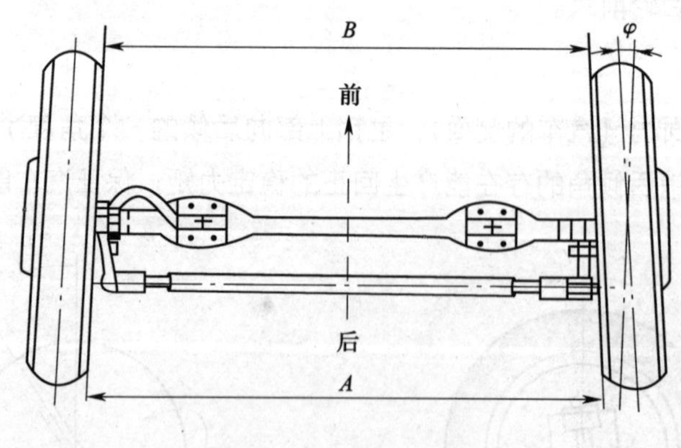

图 3—30　前轮前束

前轮前束可通过改变横拉杆的长度来调整。一般前束值为 0～12 mm。也有的汽车为与负前轮外倾角相配合，其前束也取负值，即负前束（如上海桑塔纳轿车前束为－3～－1 mm）。

5. 后轮定位

一些高级独立悬架的车辆，除设置转向轮定位外，非转向的后轮也设置定位，称为后轮定位，内容包括：后轮外倾角和后轮前束。后轮外倾角同前轮外倾角一样，保护外轴承和外锁紧螺母，避免后轮飞脱的危险。同时，为避免后轮外倾带来的“前展”而设置后轮前束，如雪铁龙 BX 型轿车的后轮前束值为 0～4 mm，后轮外倾角为$-1^{\circ}\pm20'$。

四、汽车悬架

1. 悬架的作用

悬架就是车架（或车身）与车桥（或车轮）之间的一切传力连接装置的总称。其作用是把路面作用于车轮上的垂直反力、纵向反力（牵引力和制动力）和侧向反力以及这些反力所造成的转矩传递到车架（或车身）上，减少汽车振动，以保证汽车的正常行驶。

2. 悬架的组成

汽车悬架一般由弹性元件、减振器和导向机构（横向稳定杆、摆臂、纵向推力杆等）三部分组成，如图 3—31 所示。

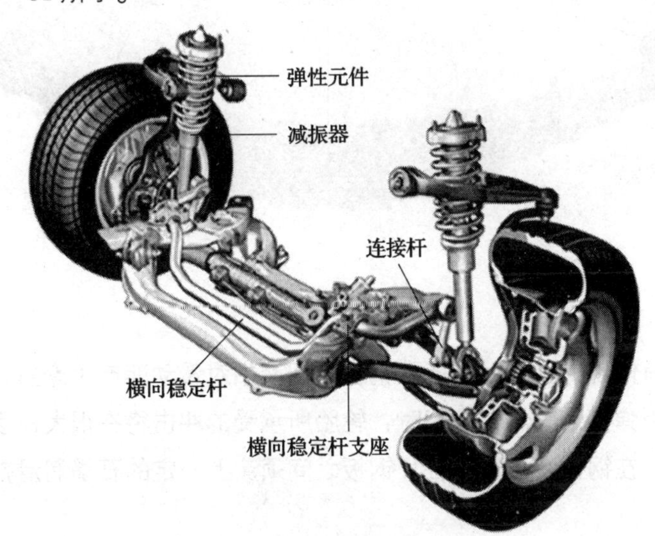

图 3—31　悬架的组成

弹性元件用来承受并传递垂直载荷，缓和不平路面、紧急制动、加速和转弯引起的冲击或车身位置的变化。悬架采用的弹性元件有钢板弹簧、螺旋弹簧、空气弹簧和油气弹簧等。

减振器用来衰减由于弹性系统引起的振动。

导向机构用来使车轮按一定运动轨迹相对车身运动，同时起传递力的作用，通常导向装置由摆臂式控制杆件组成。

3. 悬架的类型

悬架可分为独立悬架和非独立悬架。

(1) 非独立悬架

非独立悬架的结构特点是两侧的车轮由一根整体式车桥相连，车轮连同车桥一起通过弹性悬架与车架（或车身）连接。当一侧车轮因道路不平而发生跳动时，必然引起另一侧车轮在汽车横向平面内发生摆动，如图 3—32 所示。

图 3—32　非独立悬架

非独立悬架装置使用弹性元件最为普遍，汽车悬架最常用的弹性元件是叶片式弹簧，它由弯曲形、具有弹性、长度不一的钢板组成，俗称钢板弹簧，如图 3—33 所示。

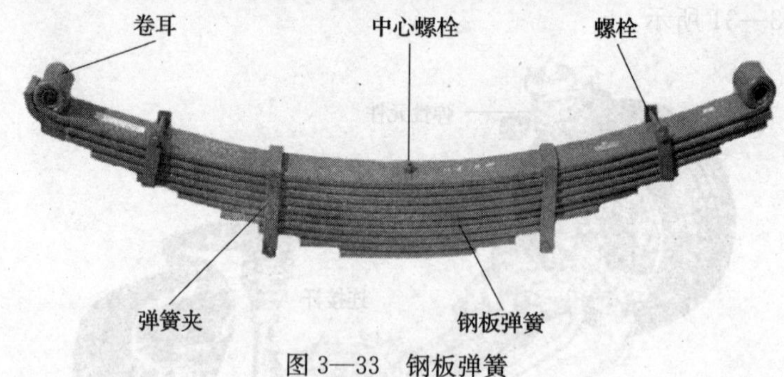

图 3—33　钢板弹簧

钢板弹簧在载荷作用下变形时，各片钢板之间有相对滑动而产生摩擦，可以衰减车架振动，但如果各片钢板弹簧之间做干摩擦时，轮胎所承受的冲击将在很大程度上传给车架，并使钢板磨损。因此，在钢板装合时，各片钢板之间须涂上一定的石墨润滑剂，并应进行定期保养。

(2) 独立悬架

独立悬架的结构特点是车桥做成断开的，每一侧的车轮可以单独地通过弹性悬架与车架（或车身）连接，如图 3—34 所示。其优点是两侧车轮可以单独跳动，互不影响，在不平道

图 3—34　独立悬架

路上可减少车架和车身的振动，并有助于消除转向轮不断偏摆的不良现象；悬架所受到的冲击载荷小，可以提高汽车的平均行驶速度；发动机总成的位置可以降低和前移，使汽车重心下降，提高汽车行驶稳定性。但独立悬架结构复杂，制造成本高，保养维修不便，轮胎磨损较严重。

独立悬架大多采用圆盘弹簧和扭杆弹簧，而以圆盘弹簧应用最广。独立悬架按车轮的运动方式分为：车轮在横向平面内摆动的横臂式、车轮在纵向平面内摆动的纵臂式、车轮沿主销轴线移动的麦弗逊式和烛式等，如图 3—35 所示。

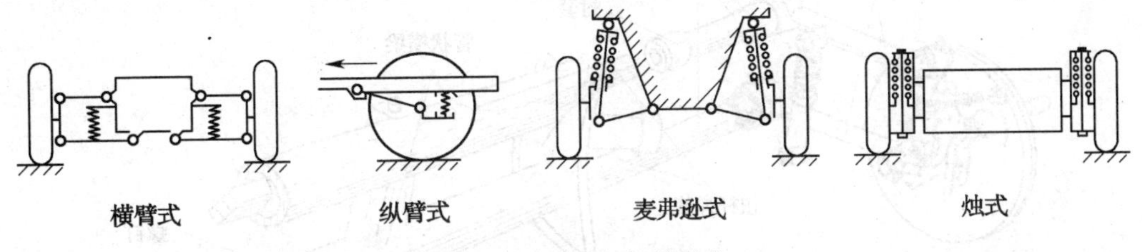

图 3—35 独立悬架的形式

1）横臂式独立悬架 横臂式独立悬架可分为单横臂式和双横臂式两种，双横臂式又分为双横臂等长和不等长两种。图 3—36 所示为横臂式独立悬架。

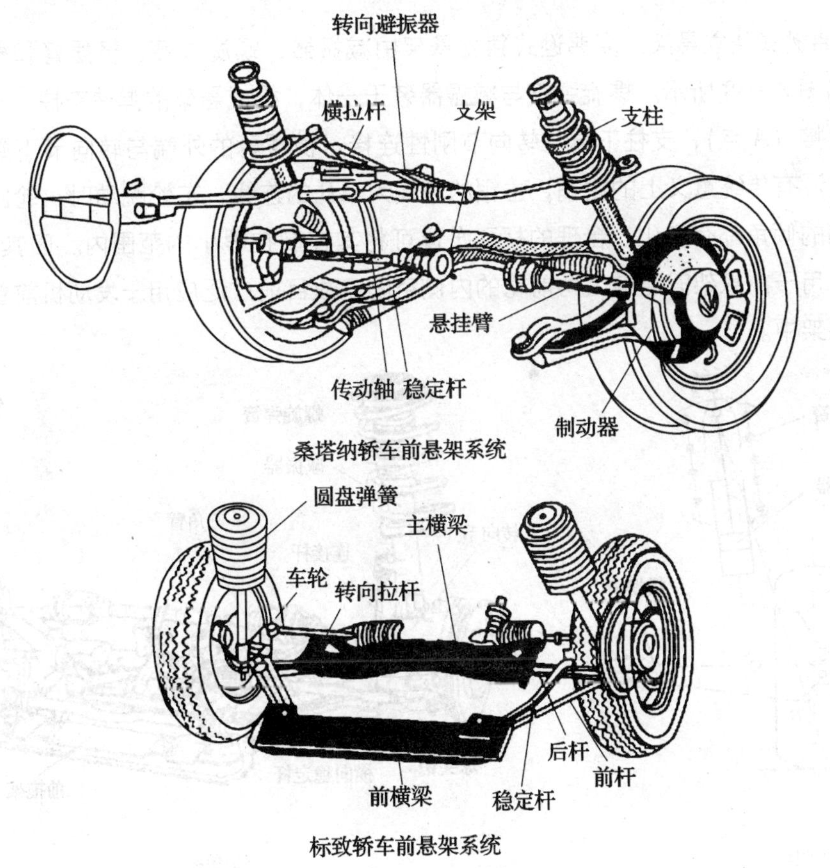

图 3—36 横臂式独立悬架

2）纵臂式独立悬架　纵臂式独立悬架分为单纵臂式和双纵臂式。双纵臂式独立悬架转向节与两个纵摆臂作铰链式连接，纵臂通过纵臂轴扭杆弹簧连接，扭杆弹簧内端固定在车架上。车轮所受的纵向力、侧向力及力矩由车架上的管状横梁传递给车架。这种悬架的两个纵摆臂一般长度相等，形成平行四连杆机构，因此车轮上下跳动时车轮的定位参数保持不变，可用作转向桥，如图 3—37 所示。

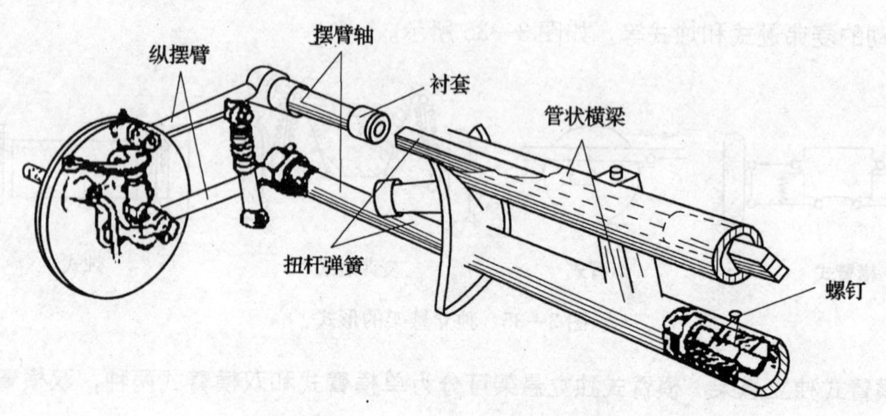

图 3—37　双纵臂式独立悬架

3）麦弗逊式独立悬架　麦弗逊式独立悬架由减振器、螺旋弹簧、横摆臂和横向稳定杆等组成，如图 3—38 所示。螺旋弹簧与减振器装于一体，构成悬架的弹性支柱，支柱上端与车身挠性连接（A 点），支柱下端与转向节刚性连接，横摆臂的外端与转向节下端铰链连接（B 点）。它没有传统意义上的主销，主销的轴线为 AB 的连线，车轮跳动时，轮距、车轮外倾角、主销的倾角都有变化，合理的杆系布置可将其控制在很小的范围内。因其结构简单，布置紧凑，用于前悬架时能增大两前轮的内侧空间，故目前广泛应用于发动机前置前轮驱动轿车的前悬架中。

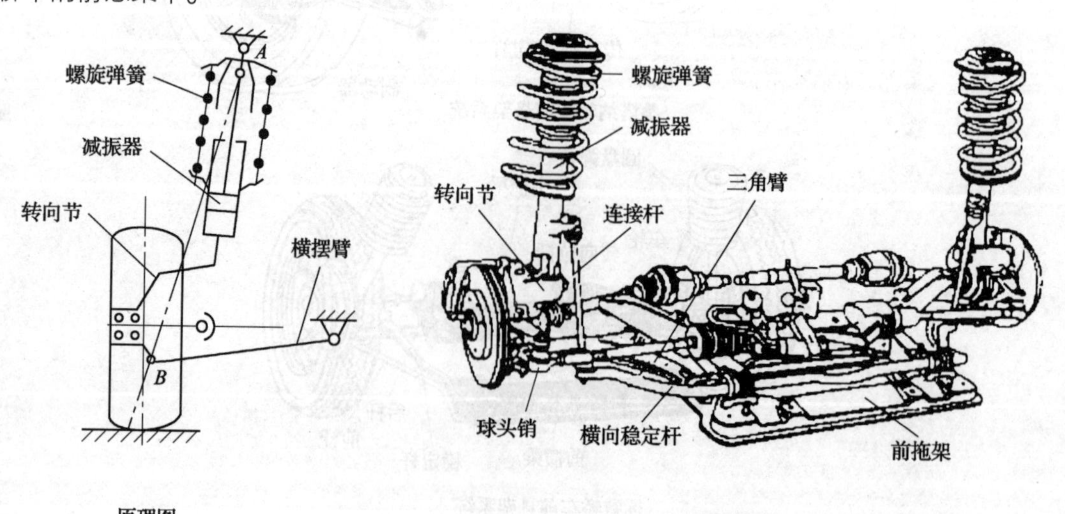

图 3—38　麦弗逊式独立悬架

4. 电子控制悬架系统

电子控制悬架系统由传感器、电子控制单元（ECU)、执行机构等组成。

传感器将汽车行驶的路面情况（汽车的振动）和车速及起动、加速、转向、制动等工况转变为电信号，输送给电子控制单元。电子控制单元将传感器送入的电信号进行综合处理，输出对悬架的刚度、阻尼及车身高度进行调节的控制信号。执行机构按照电子控制单元的控制信号，准确地动作，及时地调节悬架的刚度和阻尼系数及车身的高度，因此，汽车在各种条件下，电子控制悬架系统均具有车高调节、悬架刚度和减振器阻尼系数“软→中→硬”有级转换控制的功用，从而改善汽车的乘坐舒适性和操纵稳定性。

五、车轮与轮胎

车轮与轮胎是汽车行驶系中的重要部件，位于汽车车身与路面之间，起支承汽车和装载质量、传递汽车与路面之间的各种力和力矩、缓冲车轮受路面颠簸时所引起的振动、保持汽车的行驶方向等作用。

汽车车轮总成如图 3—39 所示，是由车轮和轮胎两大部分组成的。车轮是介于轮胎和车桥之间承受负荷的旋转组件，其功用是安装轮胎，承受轮胎与车桥之间的各种载荷的作用。车轮一般是由轮毂、轮辋和轮辐组成。

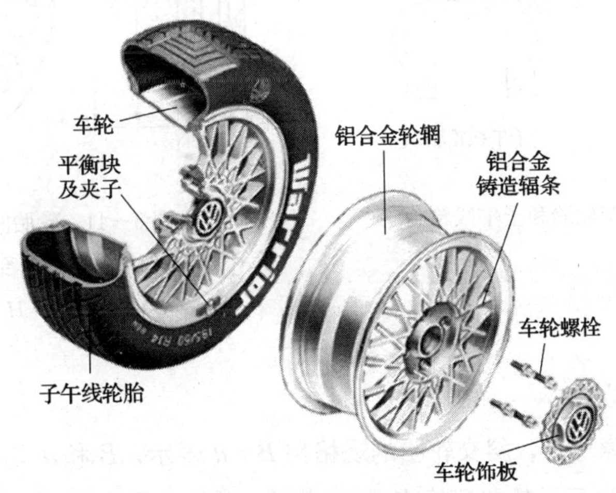

图 3—39 车轮总成

1. 轮胎的分类

(1) 按胎体结构的不同，轮胎可分为充气轮胎和实心轮胎两种。现代汽车绝大多数采用充气轮胎。

充气轮胎分为有内胎轮胎和无内胎轮胎两种。普通充气轮胎由外胎、内胎和垫带组成，使用时安装在汽车车轮的轮辋上。没有内胎的轮胎，空气直接压入外胎中，因此要求外胎与轮辋之间密封性很好。其优点是消除了内外胎之间的摩擦，且散热性好，胎温低，有利于车速的提高，结构简单、质量小、寿命长、耐刺穿性好，但材料、工艺要求高，途中维修困难。无内胎轮胎在轿车上广泛采用，并开始在货车上使用。

(2) 按胎体的结构不同，还可分为斜交轮胎和子午线轮胎（图 3—40）。子午线轮胎帘布层帘线在轮胎上的分布好像地球的子午线，帘线的强度得到充分利用，帘布层数可比普通斜交轮胎减少 40%～50%，胎体较柔软，接地面积大，附着性能好，对地面单位压力小，滚动阻力小，节省油耗。目前，轿车均使用子午线无内胎轮胎。

(3) 按轮胎内空气压力的大小，轮胎还可分为高压胎（0.5～0.7 MPa）、低压胎（0.15～0.45 MPa）和超低压胎（0.15 MPa 以下）。低压胎弹性好、断面宽、接地面积大、壁薄散热好，从而提高了汽车行驶的平顺性、稳定性，同时提高了轮胎的使用寿命，所以汽车上几乎全部都使用低压胎。

2. 轮胎规格的表示方法

轮胎的尺寸标注如图 3—41 所示。

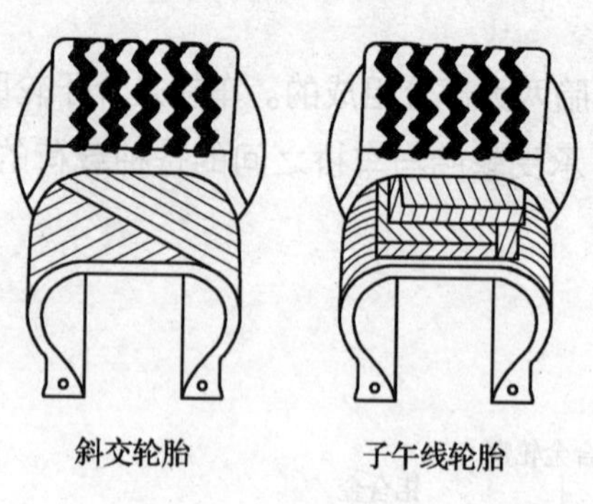

图 3—40 斜交轮胎和子午线轮胎

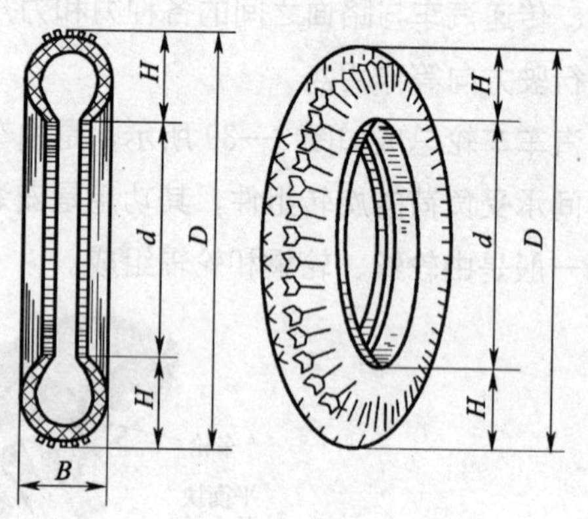

图 3—41 轮胎的尺寸标注

D—轮胎外径 *d*—轮胎内径或轮辋直径

B—轮胎宽度 *H*—轮胎高度

(1) 斜交轮胎的规格

我国和大多数国家一样，斜交轮胎的规格用 $B-d$ 表示，B 和 d 均使用英寸（inch）为单位。例如，9.00—20 表示轮胎宽度为 9.00 英寸、轮胎内径为 20 英寸的斜交轮胎。

(2) 子午线轮胎的规格

以上海桑塔纳 2000GSi 型轿车轮胎的规格 195/60R14 85H 为例进行说明。

1）195 表示轮胎宽度 195 mm，货车子午线轮胎的宽度一般以英寸（inch）为单位。

2）60 表示扁平比为 60%，扁平比为轮胎高度 H 与宽度 B 之比，有 60、65、70、75、80 五个级别。

3）R 表示子午线轮胎，即“Radial”的第一个字母。

4）14 表示轮胎内径 14 英寸（inch）。

5）85 表示荷重等级，即最大载荷质量。荷重等级为 85 的轮胎的最大载荷质量为 515 kg。

6）H 表示速度等级，表明轮胎能行驶的最高车速。

另外，在轮胎规格前加“P”表示轿车轮胎；在胎侧标有“REINFORCED”表示经强化处理，“RADIAL”表示子午线胎，“TUBELESS”（或 TL）表示无内胎（真空胎），“M+S”（Mud and Snow）表示适于泥地和雪地，“→”表示轮胎旋向，不可装反。

§3—3　转　向　系

学习目标

1. 了解转向系的功用及组成。
2. 掌握转向系各主要零部件的结构及功用。

一、转向系的功用

汽车转向系的功用是按照驾驶员的要求改变和保持汽车的行驶方向。按转向能源的不同，转向系可分为机械转向系和动力转向系两大类。

二、机械转向系

机械转向系以人力作为唯一的转向动力源。其中所有传力件都是机械的。当需要转向时，驾驶员对转向盘施加一个转向力矩，该力矩通过转向轴输入转向器。经转向器放大后的力矩和减速后的运动传到转向横拉杆，再传给固定于转向节的转向节臂，使转向节和它所支承的转向轮偏转，从而改变汽车的行驶方向，如图 3—42 所示。

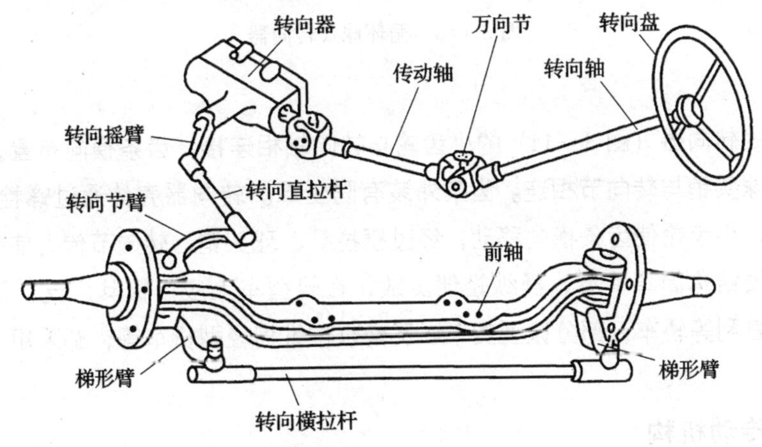

图 3—42　机械转向系的基本组成

尽管现代汽车转向系的结构形式多种多样，但都包括转向操纵机构、转向器和转向传动机构三个基本组成部分。

1. 转向操纵机构

驾驶员操纵转向器的工作机构，主要由转向盘、转向轴、转向管柱等组成。

2. 转向器

转向器的功用是将转向盘的转动变为齿条轴的直线运动或转向摇臂的摆动，降低传动速度，增大转向力矩并改变转向力矩的传动方向。常用的转向器有循环球式、齿轮齿条式等几种。

循环球式转向器（图 3—43）目前应用最广泛。该转向器具有两对传动副：一对是螺杆和螺母（一个平面制成齿条），另一对是齿扇和齿条。螺杆上方连着转向轴，转动转向盘，螺杆会随之转动。螺母是套装在蜗杆上的，二者之间靠钢球传力。螺母外观呈方形，转动转向盘时，螺杆通过钢球传力给螺母，使螺母沿螺杆移动，齿条便带动齿扇使转向摇臂摆转，从而驱动摇臂轴转动，实现汽车转向。钢球传力使螺杆螺母之间的滑动摩擦变为滚动摩擦，使转向操纵轻便，机件磨损更小。

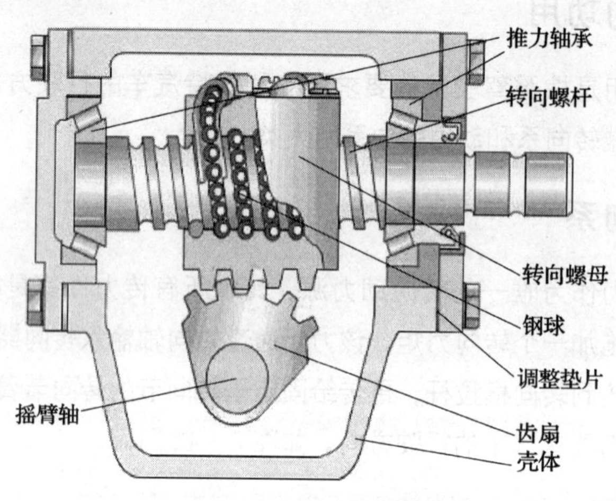

图 3—43 循环球式转向器

齿轮齿条式转向器（图 3—44）的小齿轮与转向轴相连接，齿条横向布置，两端各通过一段横拉杆、球头销与转向节相连。齿条外装有防尘罩。转向器壳体通过螺栓与车身固定。转动转向盘时，小齿轮使齿条横向移动，经过横拉杆、球头销、转向节传力使前轮偏转。齿轮齿条式转向器结构简单紧凑，操纵轻便灵敏，在轻型车上应用极其广泛，例如奥迪、捷达、桑塔纳和夏利等轿车，部分微型货车以及南京依维柯轻型货车等，都采用了齿轮齿条式转向器。

3. 转向传动机构

转向传动机构是从转向器到转向轮之间所有传动机械、杆件的总称，作用是把转向器输出的力传递到转向节上，从而实现转向轮的转向，同时让转向轮之间的转角遵循一定的规律，保证轮胎和地面之间的相对滑动控制在最低程度。

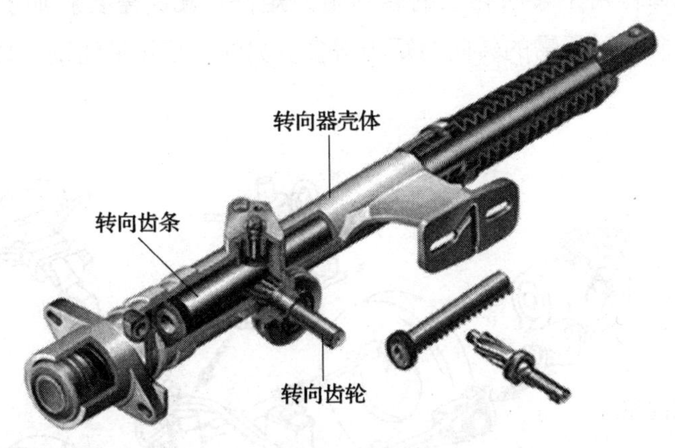

图 3—44 齿轮齿条式转向器

独立悬架的传动机构由于左右转向轮可以独立运动，运行中轮距会发生变化，横拉杆必须做成两部分（图 3—45），为了适应不同转向器的结构要求，还要增加一些传动杆件。

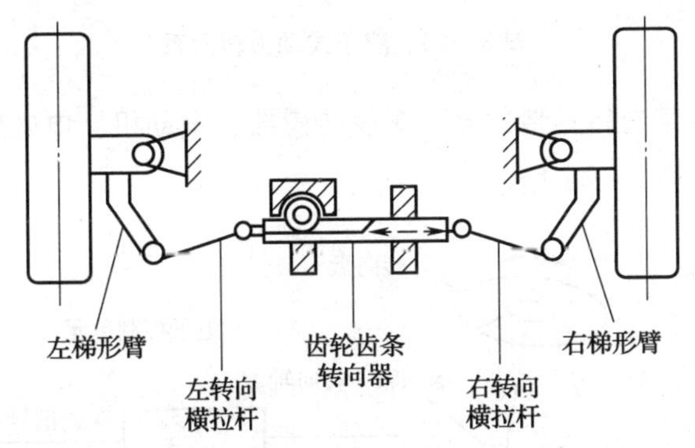

图 3—45 独立悬架的传动机构

横拉杆除了传力，还有一个重要的作用是调节前束值。横拉杆工作长度变化时，前束值得到调节。调节前束时，松开锁紧螺母，转动拉杆体，当达到合理的前束值时，再将锁紧螺母锁死。

三、动力转向系

汽车动力转向系是在驾驶员的控制下，借助于汽车发动机产生的液体压力或电动机驱动力来实现车轮转向，所以也称为转向动力放大装置。它是在机械转向系的基础上加设一套转向加力装置而形成的。在正常情况下，汽车转向所需能量只有一小部分由驾驶员提供，而大部分是由发动机（或电动机）通过转向加力装置提供。

液压式动力转向系（图 3—46）的转向加力装置包括：转向油泵、转向油管、转向油罐以及位于整体式转向器内部的转向控制阀及转向动力缸等。当转向器工作时，转向器输入轴带动转向器内部的转向控制阀转动，使转向动力缸产生液压作用力，帮助驾驶员转向操纵。

这样，为了克服地面作用于转向轮上的转向阻力矩，驾驶员需要施加于转向盘上的转向力矩，比采用机械转向系时所需的转向力矩小得多。另外，采用液压动力转向系还能提高汽车行驶的安全性。

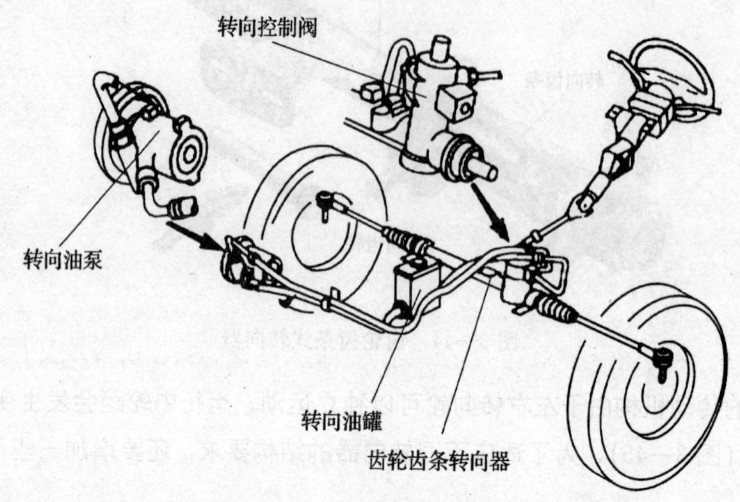

图 3—46　液压式动力转向系

电动动力转向系通常由转矩传感器、车速传感器、电动机、电磁离合器、减速机构、电子控制单元等组成，如图 3—47 所示。

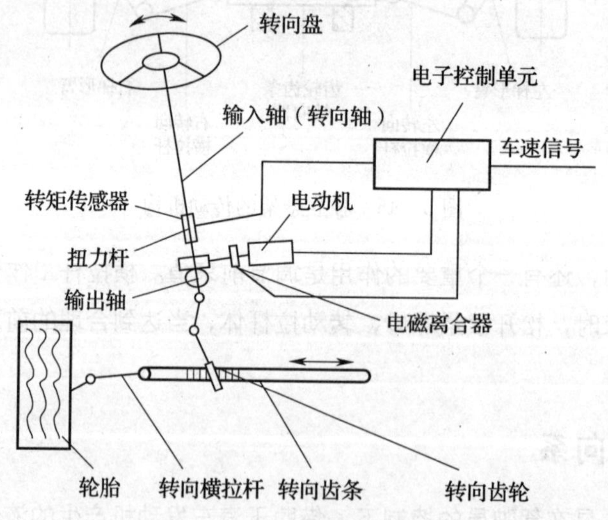

图 3—47　电动动力转向系的组成

当操纵转向盘时，装在转向轴上的转矩传感器不断测出转向轴上的转矩，并由此产生一个电压信号。该信号与车速信号同时输入电子控制单元，电子控制单元根据这些输入信号进行运算处理，确定助力转矩的大小和转向，即选定电动机的电流和转向，调整转向的助力。电动机的转矩由电磁离合器通过减速机构减速增矩后，加在汽车的转向机构上，使之得到一个与工况相适应的转向作用力。

§3—4 制 动 系

学习目标

1. 了解制动系的功用及组成。
2. 掌握制动系各主要零部件的结构及功用。

一、制动系的功用

制动系的功用是使行驶中的汽车按照驾驶员的要求进行强制减速甚至停车，使已停驶的汽车在各种道路条件下（包括在坡道上）稳定驻车，使下坡行驶的汽车速度保持稳定。

二、制动系的组成

制动系一般由制动操纵机构和制动器两个主要部分组成。

制动操纵机构用来产生制动动作、控制制动效果，并将制动能量传输到制动器的各个部件。它主要包括制动踏板机构、真空助力器、制动主缸、制动组合阀、制动轮缸和制动管路等。

制动器是用来产生阻碍车辆运动或运动趋势的制动力的部件。汽车上常用的制动器都是利用固定元件（如制动蹄）与旋转元件（如制动鼓）工作表面的摩擦产生制动力矩，称为摩擦制动器。摩擦制动器有两种常见的结构形式，一种是鼓式制动器，一般用在后轮；另一种是盘式制动器，一般用在前轮，如图 3—48 所示。

鼓式制动器

盘式制动器

图 3—48 制动器

另外，制动系中还有制动警告装置，用以提醒驾驶员制动系中某些元件已经出现故障，如制动管路漏油、摩擦片磨损达到极限值等。

三、鼓式制动器

制动鼓固定在车轮轮毂上，随车轮一同旋转，它的工作面是内圆柱面。固定不动的制动底板有两个支承销，支承着两个弧形制动蹄的下端。制动蹄的外圆面上装有摩擦片，上端用制动蹄回位弹簧拉紧压靠在轮缸活塞上，如图 3—49 所示。

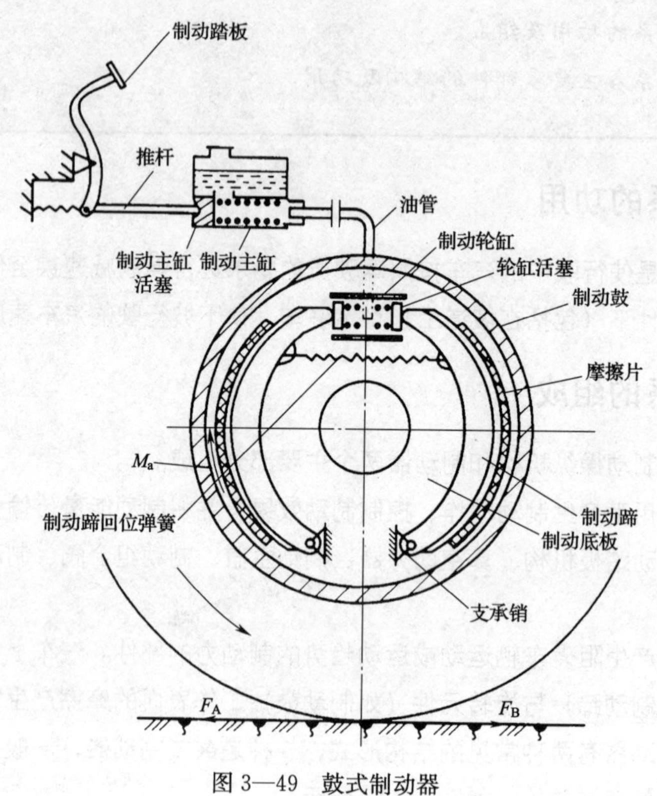

图 3—49 鼓式制动器

制动器不工作时，制动鼓的内圆面与制动蹄摩擦片的外圆面之间保留有一定的间隙，使制动鼓可以随车轮自由旋转。

制动时，驾驶员踩下制动踏板，推杆推动主缸活塞，迫使制动油液经管路进入制动轮缸，推动轮缸活塞克服回位弹簧的拉力，使制动蹄绕支承销转动而张开，消除制动蹄与制动鼓之间的间隙后压紧在制动鼓上，从而产生制动作用。

放松制动踏板，在回位弹簧作用下，制动蹄与制动鼓的间隙又得以恢复，从而解除制动。

制动器不工作时，摩擦片与制动鼓之间的间隙称制动间隙。制动间隙应合适，如果制动间隙过小，就不易保证彻底解除制动，造成摩擦副的拖磨，过大又将使制动踏板行程太长，同时也会推迟制动器开始起作用的时刻。由于摩擦片与制动鼓会产生磨损，导致制动间隙变大，制动距离变长，所以应定期进行检查调整。

四、盘式制动器

除了鼓式制动器外，盘式制动器应用也较广泛，特别是钳盘式制动器（图 3—50）越来越多地被各级轿车使用。钳盘式制动器的旋转元件是以端面工作的金属圆盘，被称为制动盘，固定元件则是工作面积不大的摩擦块与其金属背板组成的制动块，每个制动器中有 2～4 个。这些制动块及其促动装置都安装在横跨制动盘两侧的夹钳形支架中，总称为制动钳。钳盘式制动器又分为固定钳盘式制动器和浮动钳盘式制动器。

图 3—50 钳盘式制动器

五、制动传动装置

汽车制动传动装置的功用是将驾驶员施加于踏板上的力放大后传到制动器，并控制制动器的工作以获得所需要的制动作用。

基本的制动传动装置有机械式、液压式和气压式。

机械式传动装置采用拉线或拉杆张开或收拢制动蹄，主要用于驻车制动器的控制。

液压式传动装置以制动液为动力，控制制动蹄的张开或收拢。这套装置组件少，灵敏度高，油液不易被压缩，可以迅速传力；但制动力比较小，常用于轻型车。

气压式传动装置以压缩空气为动力，控制制动蹄的张开或收拢。这套装置组件多，其灵敏度不如液压式，且压缩空气容易被进一步压缩，使传动迟滞。其优势是制动力大，主要用于大中型车。

桑塔纳轿车液压制动传动装置（图 3—51）由制动踏板、制动主缸、制动油管及制动轮缸等组成。制动主缸是储油和形成液压的场所，制动轮缸是把液压转换成机械推力的装置。制动时，驾驶员踩下制动踏板，使制动主缸的活塞工作，将油液从主缸中压出并经油管同时分别进入前后各车轮轮缸内，使轮缸活塞向外移动，从而将制动蹄压靠到制动鼓（盘）上，使汽车制动。

真空助力装置（图 3—52）装在制动踏板和制动主缸之间，把驾驶员踩踏板的力放大后作用于主缸，使主缸输出比较大的油压。

我国车辆安全法规规定：现代汽车必须采用双回路制动装置，即所有的车轮制动器分别由两套彼此独立的传动装置控制，一套管路损坏时，另一套仍然起作用。

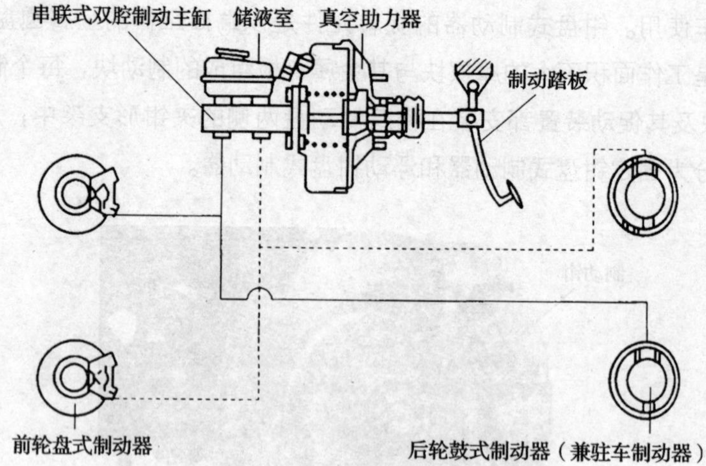

图 3—51　桑塔纳轿车液压制动传动装置

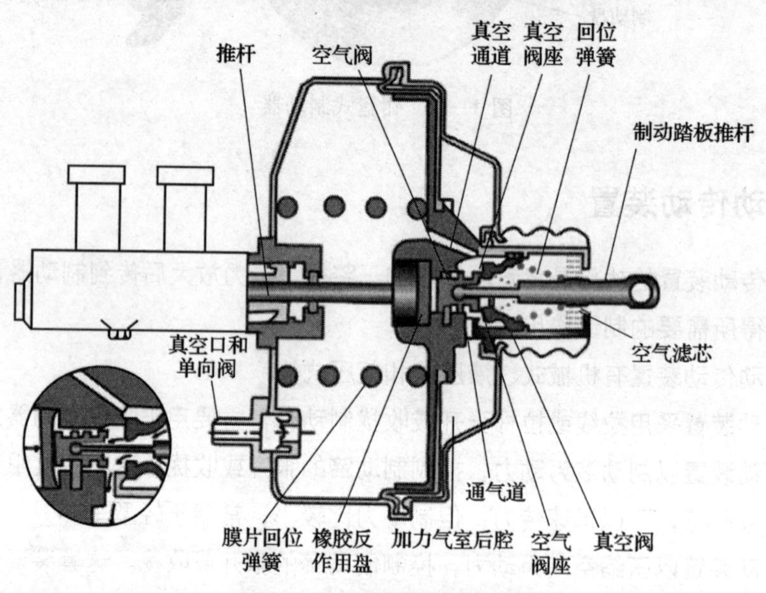

图 3—52　真空助力装置

六、汽车防抱死制动系统（ABS）

1. ABS 的功用

当汽车在泥泞、雪地等附着系数较小的路面上紧急制动时，车轮容易抱死滑移。若前轮抱死滑移，车轮与地面间的侧向附着力完全消失，转向无法进行。而后轮抱死滑移，前轮还在滚动，汽车就会产生甩尾，容易导致安全事故。为避免这种现象以及提高车辆高速行驶时的可靠性和稳定性，在汽车上采用汽车防抱死制动系统（ABS）。该系统在制动过程中可自动调节车轮制动力，防止车轮抱死，以取得最佳制动效果。ABS 已成为汽车上的标准装备。

2. ABS 的基本组成及工作原理

ABS 主要由传感器、执行器和电子控制单元（ECU）三部分组成，见表 3—2。

表 3—2　　ABS 的基本组成

传感器	车速传感器	检测车速，给 ECU 提供车速信号，用于滑移率控制方式
	轮速传感器	检测车轮速度，给 ECU 提供轮速信号，各种控制方式均采用
	减速度传感器	检测制动时汽车的减速度，识别是否是冰雪等易滑路面，只用于四轮驱动控制系统
执行器	制动压力调节器	接受 ECU 的指令，通过电磁阀的动作，控制制动系统压力的增加、保持或降低
	液压泵	受 ECU 控制，在可变容积式制动压力调节器的控制油路中建立控制油压
	回油泵	受 ECU 控制，在循环式制动压力调节器调节压力降低的过程中，将由轮缸流出的制动液经蓄能器泵回主缸，以防止 ABS 工作时制动踏板行程发生变化
	ABS 警告灯	ABS 系统出现故障时，由 ECU 控制将其点亮，向驾驶员发出报警，并由 ECU 控制闪烁显示故障代码
电子控制单元（ECU）		接受车速、轮速、减速度等传感器的信号，计算出车速、轮速、滑移率和车轮的减速度、加速度，并将这些信号加以分析、判别、放大，用输出级输出控制指令，控制各种执行器工作

制动灯开关在驾驶员踩制动踏板时，将制动信号传送给防抱死制动控制器，前后车轮速度传感器检测前后四个车轮的转速并将这一数据传送到电子控制装置上。控制装置是一个微处理器，它利用车轮转速传感器信号来计算车速。在制动过程中，车轮转速可与控制装置中预先编制的理想减速度的特性曲线相比较。如果控制装置判断出车轮减速度太快、车轮即将抱死，它就将信号传送给液压执行装置。

液压执行装置根据来自控制装置的信号迅速对卡钳或轮缸作用、保持、释放、重新作用液压力。这一动作每秒钟能出现 10 次以上，以保证最合适的车轮滑移率，从而获得最佳的制动效果。图 3—53 所示为 ABS 的工作原理图。

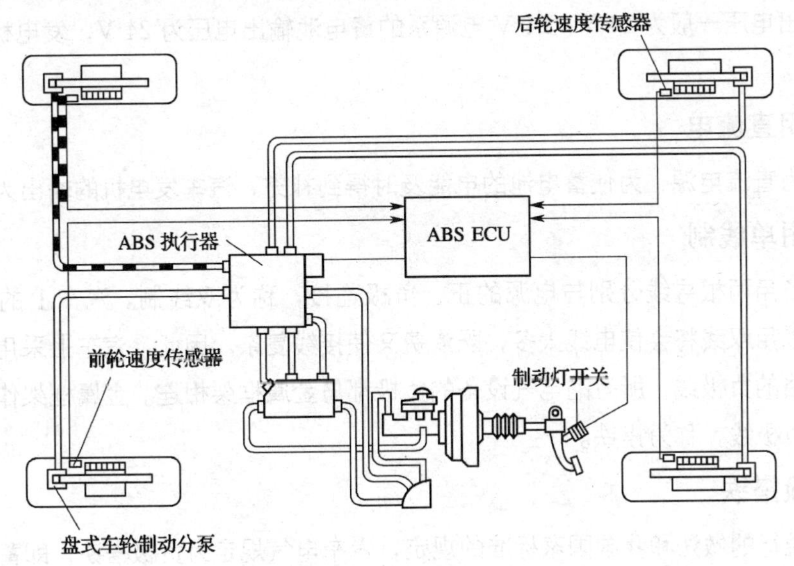

图 3—53　ABS 的工作原理图

第四章　电气设备

§4—1　概　述

学习目标

1. 了解汽车电气设备的组成。
2. 了解汽车电气设备的特点。

汽车电气设备是汽车的重要组成部分。随着汽车技术的进步，汽车电气设备的结构与性能也在不断进步，特别是现代电子技术在汽车上广泛应用，在汽车节能降耗、行车安全、减少排放污染等方面都起着越来越重要的作用。

一、汽车电气设备的组成

现代汽车电气设备的种类和数量很多，大致可以分为三大部分：电源、用电设备和配电装置，它们构成全车电路。

二、汽车电气设备的特点

1. 采用低压电源

汽车电源的额定电压一般有 12 V 和 24 V 两种。目前，汽油机和大部分的柴油机都采用 12 V 电源系，重型柴油车一般采用 24 V 电源系。12 V 电源系的蓄电池输出电压为 12 V，发电机的输出电压一般为 14 V；24 V 电源系的蓄电池输出电压为 24 V，发电机的输出电压一般为 28 V。

2. 采用直流电

蓄电池为直流电源，为使蓄电池的电能及时得到补充，汽车发电机的输出为直流电。

3. 采用单线制

用电设备用两根导线分别与电源的正、负极连接，称为双线制。汽车上的电气设备众多，如果都采用双线将会使电线太多，既浪费又使接线复杂。因此，汽车上采用车辆的金属框架作为电路的负极线，所有的电气设备的负极都与金属框架相连。金属框架作为所有电气设备的公共负极线，称为搭铁。

4. 负极搭铁

按国际通行的做法和我国国家标准的规定，汽车电气规定为负极搭铁，即蓄电池的负极与车体相接。

§4—2　电源系统

学习目标

1. 了解电源系统的作用及组成。
2. 掌握蓄电池、发电机的结构及功用。

汽车电源系统主要由蓄电池、电流表、交流发电机及与发电机匹配的电压调节器等组成，如图4—1所示。蓄电池、交流发电机与汽车用电设备都是并联的。起动时，蓄电池向起动机供电；发动机正常工作时，交流发电机向用电设备供电和向蓄电池充电。电流表用来指示蓄电池的充放电状况；调节器的作用是使发电机在转速变化时，能保持其输出电压恒定。

汽车电源系统还装有电源总开关、充电指示灯、磁场继电器等电路控制部件。

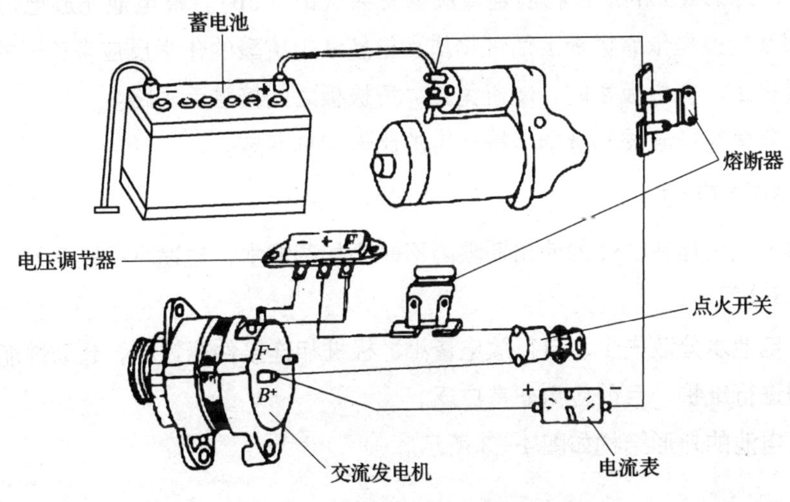

图4—1　汽车电源系统的组成

一、蓄电池

蓄电池是一种能使化学能和电能相互转换的装置，主要作用有：

供电：蓄电池将化学能转换为电能供用电设备用电。

储电：当发电机运转时，蓄电池接受发电机的部分电能以化学能的形式储存。

稳压：蓄电池在整车电路中还起到电压稳压器的作用，能够缓和整车电路中的冲击电压，保护汽车上的用电设备。

1. 普通型铅蓄电池

普通型铅蓄电池由正极板、负极板、隔板、电解液、电池盖、加液孔盖和外壳等组成，如图4—2所示。

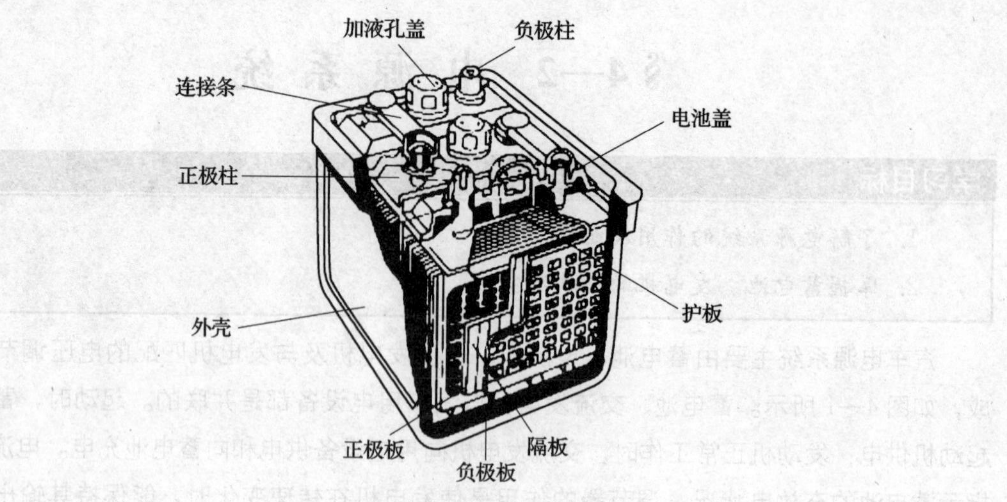

图 4—2　普通型铅蓄电池的结构

极板是蓄电池的核心部分，它分为正极板和负极板。正极板上的活性物质是深棕色二氧化铅（PbO_2），负极板上的活性物质是青灰色海棉状铅（Pb）。蓄电池充放电过程中，电能和化学能的相互转换是依靠极板上活性物质和电解液中硫酸的化学反应来实现的。

隔板放置在正、负极板之间，以避免正、负极板之间接触而短路。

电解液由化学纯净硫酸和蒸馏水按一定的比例配制而成。

2. 免维护蓄电池

免维护蓄电池是指在合理的使用期限内不需添加蒸馏水，短途可行驶 8 万公里，长途可行驶 40～48 万公里。

免维护蓄电池水分散失少、自行放电量小、极桩和连接件腐蚀小，起动性能好，正常使用时一般不需进行维护，目前应用非常广泛。

免维护蓄电池的外形结构如图 4—3 所示。

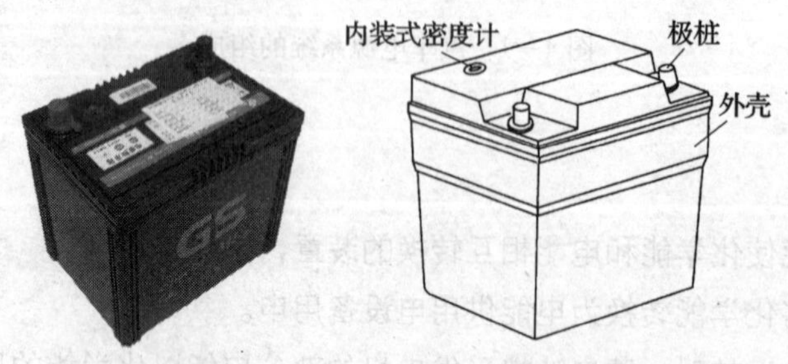

图 4—3　免维护蓄电池的外形结构

二、交流发电机

汽车用交流发电机由一个三相同步交流发电机和用硅二极管构成的整流器组成，如图 4—4 所示。

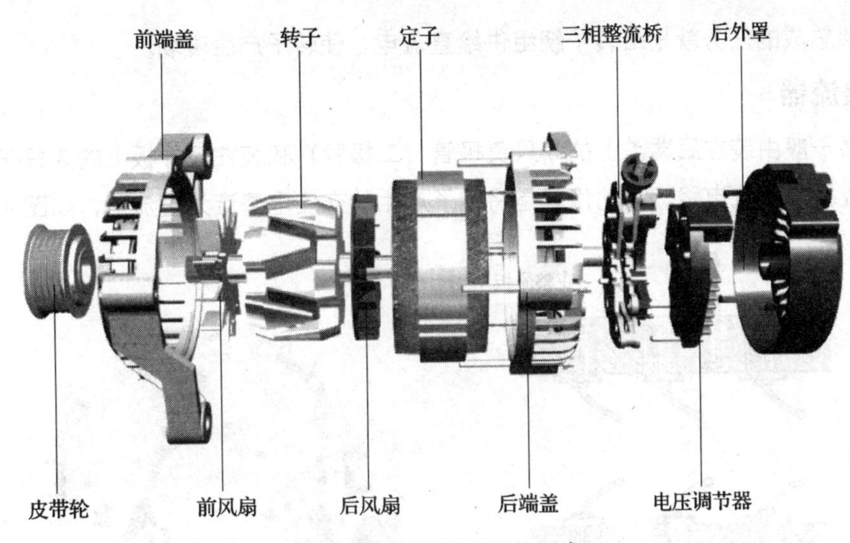

图 4—4　交流发电机的组成

1. 三相同步交流发电机

三相同步交流发电机由转子总成、定子总成、皮带轮、风扇、前后端盖和电刷总成等部件组成。

转子总成（图 4—5）由转子轴、集电环、爪极、励磁绕组等组成。发动机皮带轮带动发电机皮带轮旋转，当励磁绕组通电时，转子就产生旋转的磁场，切割定子。

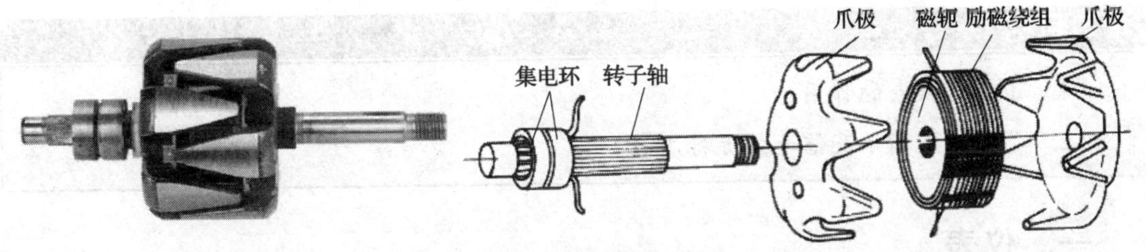

图 4—5　转子总成

定子总成（图 4—6）由铁心和定子绕组组成。固定的定子绕组切割转子产生旋转的磁场（磁力线），定子绕组上就产生交流电动势。

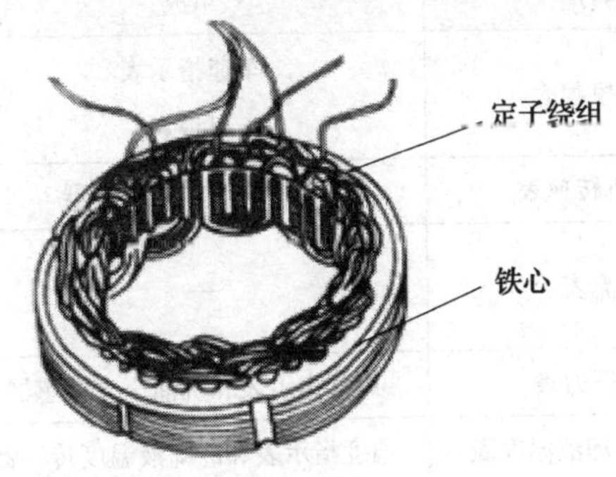

图 4—6　定子总成

电刷架总成的任务就是给转子绕组供给直流电，使转子产生磁场。

2. 整流器

整流器一般由装在后端盖上的 3 只负极管（二极管）和装在元件板上的 3 只正极管（二极管）组成桥式整流电路。其功用就是将定子产生的交流电整流为直流电，如图 4—7 所示。

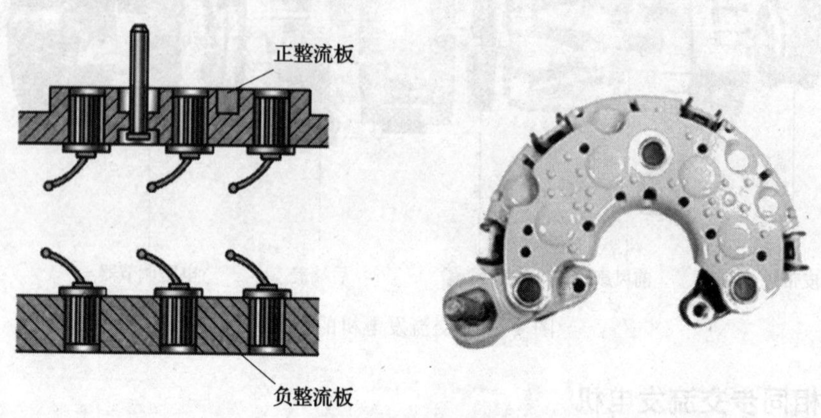

图 4—7　整流器

§4—3　仪表与信号系统

学习目标

1. 了解各仪表的作用。
2. 了解常见指示及信号装置标志。

一、仪表

车用仪表的种类和用途见表 4—1。

表 4—1　　**车用仪表的种类和用途**

名称	组成	用途
车速里程表	车速指示表 里程表	指示汽车行驶速度 累计汽车行驶里程
发动机转速表	转速表和转速传感器	指示发动机转速
电流表	—	监视蓄电池是处在充电状态还是处在放电状态，同时也可监视电流强度
机油压力表	压力指示表和机油压力传感器	指示润滑系主油道的机油压力
水温表（冷却液温度表）	温度指示表和冷却液温度传感器	指示发动机冷却系冷却液温度
燃油表	油量指示表和油量传感器	指示油箱中的存油量

汽车仪表集中安装在仪表板上，常见仪表板的形式有指针式和电子式，如图 4—8、图 4—9 所示。

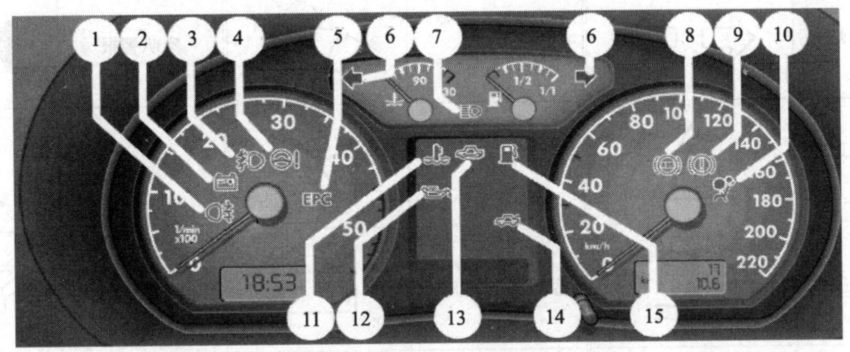

图 4—8　指针式组合仪表板

1—后雾灯指示灯　2—充电指示灯　3—前雾灯指示灯　4—电动液压转向助力器指示灯　5—电子油门故障指示灯　6—转向指示灯　7—远光指示灯　8—ABS 故障指示灯　9—手制动指示灯　10—安全气囊系统故障指示灯　11—冷却液温度指示灯　12—发动机机油压力指示灯　13—防盗系统指示灯　14—行李箱未关闭指示灯　15—燃油存量不足警示灯

图 4—9　电子式仪表板

二、常见指示及信号装置标志

汽车常见指示及信号装置标志见表 4—2。

表 4—2　　汽车常见指示及信号装置标志

名称	符号	名称	符号	名称	符号
远光指示灯		风窗玻璃刮水器		驻车灯	
近光指示灯		风窗洗涤器		倒车灯	R

续表

名称	符号	名称	符号	名称	符号
转向指示灯		风窗刮水器及洗涤器		喇叭警报	
危险警告灯		暖风		燃油	
冷却液温度		蓄电池充电状况		机油压力	
点烟器		前雾灯		后雾灯	
灯光总开关		风窗玻璃除雾除霜		驻车制动器	
制动器故障报警灯		发动机预热		电源总开关	

三、灯光信号

汽车灯光信号系统如图 4—10 所示。

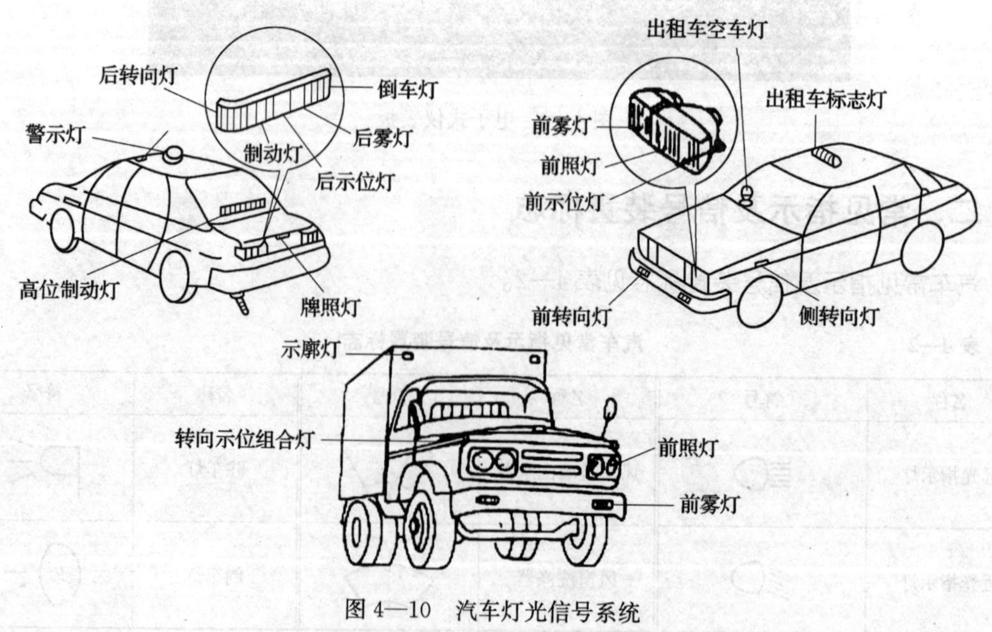

图 4—10　汽车灯光信号系统

我国对灯光信号设备的使用规定见表4—3。

表4—3 **灯光信号设备的使用规定**

名称	安装位置	安装使用	数量（只）	光色	作用
转向信号灯	前	强制	2	琥珀色	发出明暗相间的灯光，示意车辆的转向方向
	侧		2	琥珀色	
	后		2或4	琥珀色	
危险警告灯		强制	所有转向信号灯	琥珀色	向其他车辆示意本车有特殊情况或故障
位灯	前	强制	2或4	白色或黄色	也称小灯，示意轮廓和存在
	侧	选用		琥珀色	
	后	强制	2或4	琥珀色	
驻车灯	前	选用	2	琥珀色	夜间停车时示意车辆形位
	后		2		
示廓灯	前	空载高3 m以上客货车强制	2	白色	装在尽可能高的位置，示意立体轮廓
	后		2	红色	
倒车灯	后	强制	1或2	白色	警告倒车信号
制动灯	后	强制	2或4	红色	警告制动信号

§4—4 照明系统

学习目标

1. 了解照明系统的分类。
2. 掌握前照灯的组成。

汽车照明灯一般有前照灯（俗称大灯）、仪表灯、顶灯、牌照灯和工作灯等，如图4—11所示。

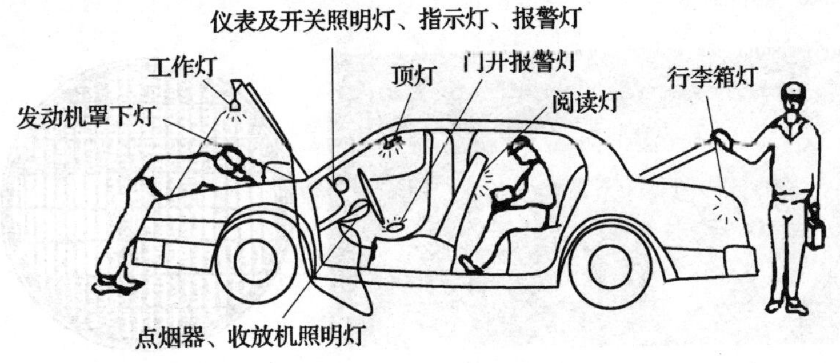

图4—11 汽车照明灯

一、前照灯的照明标准

由于汽车前照灯的照明效果对夜间行车安全影响很大，所以世界各国多以法律形式规定了前照灯的照明标准，其基本要求主要有如下两个方面：

(1) 前照灯应能保证车前有明亮且均匀的照明，使驾驶员能够看清车前100 m内路面上的物体。随着现代汽车行驶速度的不断提高，对前照灯的要求也越来越高，前照灯的照明距离应达到200～250 m。

(2) 前照灯应具备防止眩目的功能，以避免夜间两车相会时，使对方驾驶员眩目而造成交通事故。

二、前照灯的组成

前照灯一般由反光镜、配光镜和灯泡等组成。

1. 反光镜

反光镜（图4—12）的作用是聚光，最大限度地将灯泡发出的光线聚合成强光束，以增强发光强度和增加照射距离。

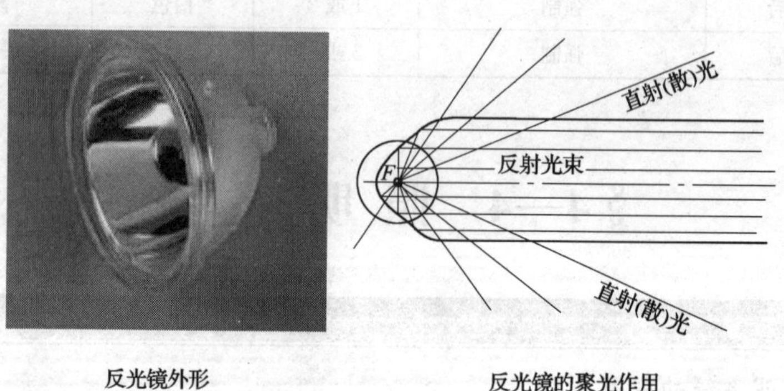

反光镜外形　　反光镜的聚光作用

图4—12　反光镜

2. 配光镜

配光镜（图4—13）又称散光玻璃，装于反光镜之前，其作用是使汽车前方有一均匀的亮度，不至于形成“盲区”。

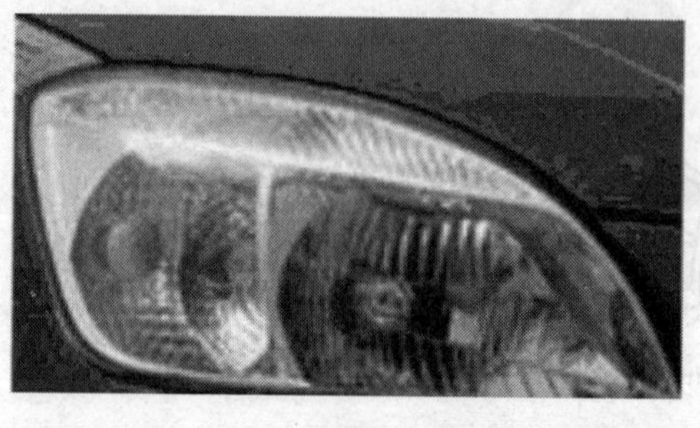
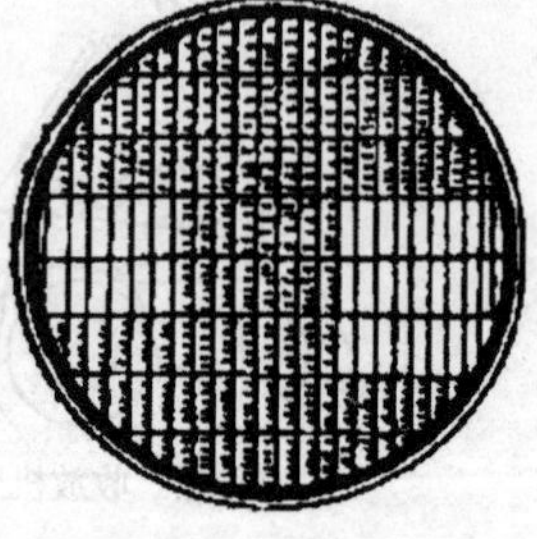

图4—13　配光镜

3. 灯泡

前照灯灯泡（图 4—14）是汽车前照灯的光源，分为近光和远光。当夜间会车时，通过变光器交替接通远光和近光。

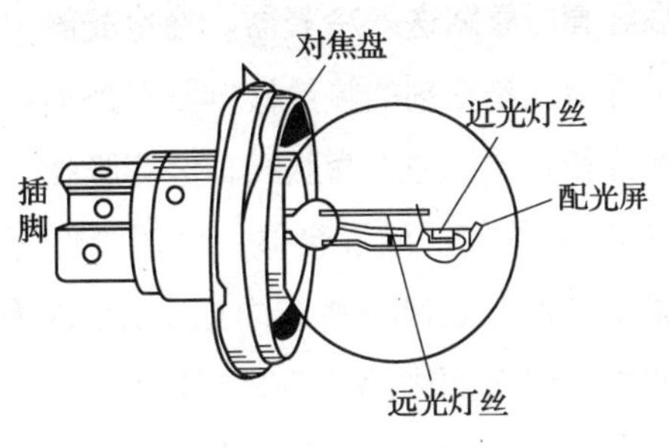

图 4—14 前照灯灯泡

前照灯分为三种：卤素灯、氙气灯（HID）和发光二极管（LED）。

卤素灯为充有溴碘等卤族元素或卤化物的钨灯，它是新一代白炽灯。

氙气灯利用配套电子镇流器，将汽车电池 12 V 电压瞬间提升到 23 kV 以上的触发电压，将氙气大灯中的氙气电离形成电弧放电并使之稳定发光，提供稳定的汽车大灯照明。

LED 是一种能够将电能转化为可见光的半导体器件，它改变了白炽灯钨丝发光与节能灯三基色粉发光的原理，采用电场发光。

§4—5 空调系统

学习目标

1. 了解空调系统的组成。
2. 了解空调的制冷原理。

空调是空气调节器的简称，能对汽车车厢内的空气进行温度、湿度和清洁度的调节，大大提高了乘坐舒适性，已成为汽车的标准配备部件。

汽车空调一般由制冷系统、采暖系统、通风装置、加湿器和空气净化装置等组成。

一、采暖系统

采暖系统的作用是对车辆内的空气进行加热，达到取暖、除湿的目的。

轿车的采暖系统一般将发动机的冷却液通过管道引入安装在蒸发箱中的加热器，高温冷却液流经加热器时，就对加热器周围的空气进行加热，再利用鼓风机将热空气吹入车厢，对车厢内的空气进行加热。

二、制冷系统

空调制冷系统主要由压缩机、冷凝器、储液干燥器、膨胀阀、蒸发器和空调管路等组成，如图 4—15 所示。

其工作过程为：在密封的系统内充入适量的制冷剂（R－134a），使其构成一个完整的蒸发、压缩制冷循环系统。由汽车发动机驱动的压缩机，将蒸发器出来的低温、低压制冷剂蒸气吸入并压缩成为温度 70℃左右、压力 1.5 MPa（15 kgf/cm^2）左右的高温、高压蒸汽，然后经高压管路送入冷凝器。在冷凝器中，高温、高压的制冷剂蒸汽冷凝成为高压液体，在这个过程中，制冷剂的热量被排到车外的空气中。被液化后的制冷剂进入储液干燥器，除去其中的水分和杂质后进入膨胀阀，经膨胀阀节流降压后，制冷剂成为低压（0.2～0.5 MPa）、低温（0～5℃）的气—液混合体；低温、低压的制冷剂液体在蒸发器中吸热汽化，使蒸发器本身的温度降低。鼓风机将车内或车外的新鲜空气吹过蒸发器表面，使之降温后通过送风口吹入车厢内，对车厢内的空气进行冷却。

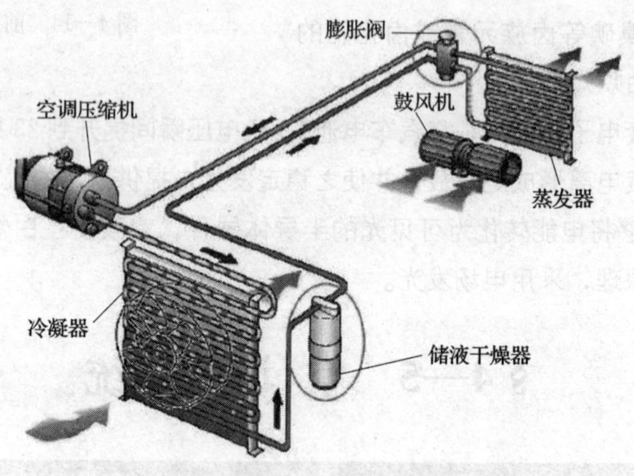

图 4—15　空调制冷系统

§4—6　安全气囊系统

学习目标

1. 了解安全气囊的作用及类型。
2. 了解安全气囊的组成及工作原理。

安全气囊系统又称 SRS 系统（Supplenment Restraint System 的英文缩写），是现代汽车广泛采用的一种乘员保护装置，如图 4—16 所示。

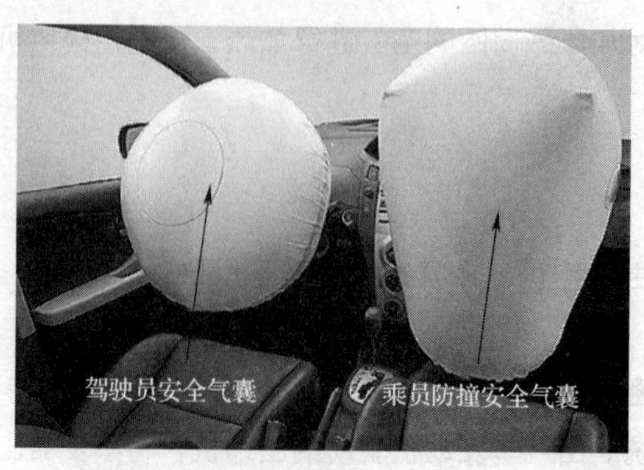

图 4—16　安全气囊张开起保护作用

一、安全气囊的类型

根据碰撞情形的不同，安全气囊分为正面安全气囊、侧面安全气囊和顶面安全气囊，如图 4—17 所示。正面安全气囊系统是目前应用最广泛的一种，侧面安全气囊和顶面安全气囊正逐渐普及。

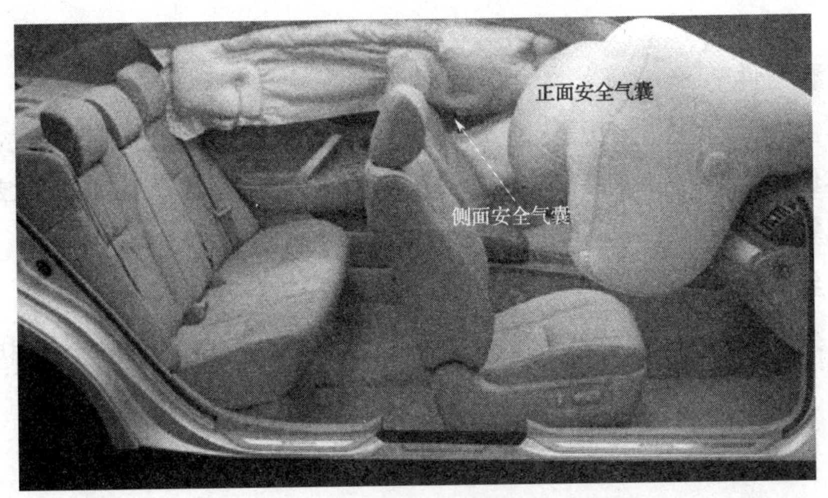

图 4—17 正面安全气囊和侧面安全气囊

根据安全气囊数目不同，安全气囊分为单安全气囊系统（只在驾驶员方向盘上安装一个安全气囊）和双安全气囊系统（在驾驶员方向盘和前乘员前仪表台上各安装一个安全气囊）。

根据安全气囊控制类型分为机械式安全气囊和电子控制式安全气囊，现代汽车大部分采用电子控制式安全气囊。

二、安全气囊的组成及工作原理

安全气囊系统主要由传感器、气囊组件及安全气囊 ECU 等组成，如图 4—18 所示。

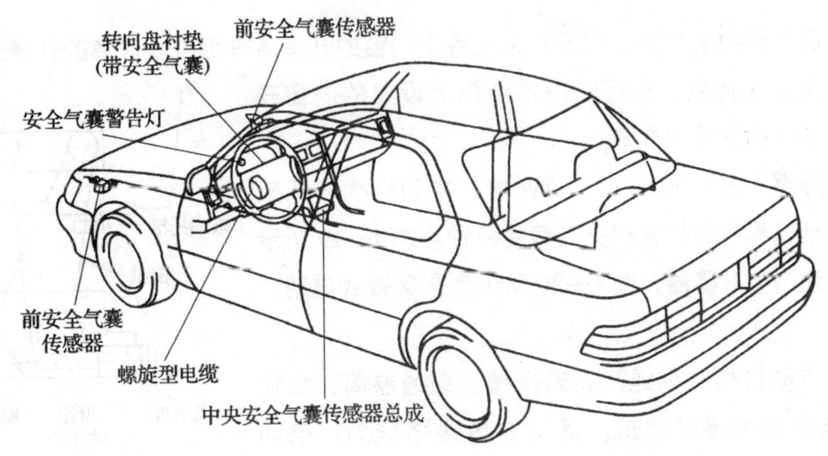

图 4—18 安全气囊系统的组成

当汽车发生碰撞时，传感器将电信号传送给安全气囊 ECU，安全气囊 ECU 将信号进行处理，当确定需要打开安全气囊时，安全气囊 ECU 立即发出点火信号，气体发生器在很短的时间内将大量气体充满气囊，从而实现对驾驶员和乘员的安全保护。

1. 传感器

传感器的作用是在汽车发生碰撞时，检测汽车碰撞强度的信号，并将信号输入给安全气囊 ECU。

2. 气囊组件

它主要由气体发生器、点火器、气囊等组成。气体发生器又称充气泵，能在有效的时间内产生气体使气囊张开。点火器是根据安全气囊 ECU 的指令引爆点火剂，产生热量使充气剂分解。气囊采用尼龙布涂氯丁橡胶或有机硅制成。

3. 安全气囊 ECU

它由中央处理器、只读存储器、随机存储器、接口等电子电路组成，俗称电脑。

§4—7 辅助电器

学习目标

1. 了解电动车窗的组成、分类及工作过程。
2. 了解电动刮水器的结构及工作原理。
3. 了解电动天线系统的组成和工作原理。
4. 了解电动座椅的结构。
5. 了解汽车导航系统的组成和工作原理。

一、电动车窗

电动车窗一般由主开关、门窗开关及各个门窗的升降器等组成。玻璃的升降运动可以由驾驶员操纵主开关控制，也可以由各个门上设置的门窗开关分别操纵各车门玻璃的升降。

门窗升降器一般由电动机、减速器、传动机构及托架等组成。传动机构有绳轮式和交叉臂式两种。图 4—19 所示为绳轮式电动门窗升降器，图 4—20 所示为交叉臂式电动门窗升降器。

绳轮式传动机构由钢绳、玻璃托槽、钢绳卷筒、齿轮减速箱和电动机等零件组成。其动力传递路线为：电动机→齿轮减速器→钢绳卷筒→钢绳→玻璃托槽→玻璃升降。

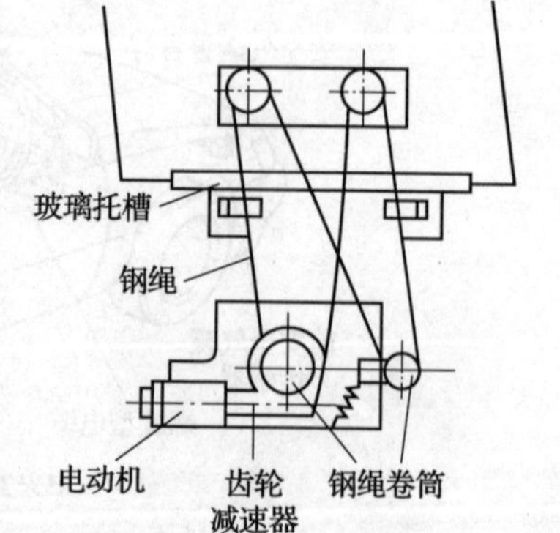

图 4—19 绳轮式电动门窗升降器

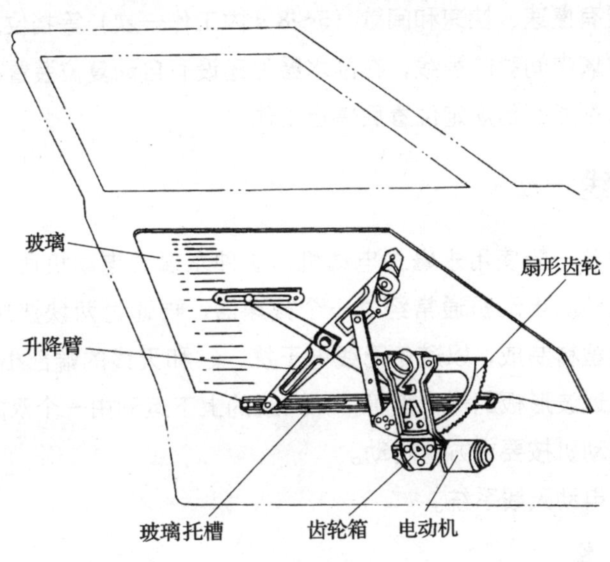

图 4—20 交叉臂式电动门窗升降器

交叉臂式传动机构主要由玻璃、升降臂、玻璃托槽、齿轮箱、电动机和扇形齿轮等零件组成。电动机及其减速机构由永久性磁铁、蜗轮、扇形齿轮、小齿轮、蜗杆、橡胶连轴节和电动机转子等零件组成。其动力传递路线为：电动机→齿轮箱→扇形齿轮→升降臂→玻璃托槽→玻璃升降。

二、电动刮水器

汽车上广泛采用的电动刮水器主要由微型直流电动机、蜗杆蜗轮减速器、联动机构、摇臂和刮水片等部件组成，其作用是清扫驾驶室挡风玻璃上的雨水、积雪和灰尘等，如图4—21所示。

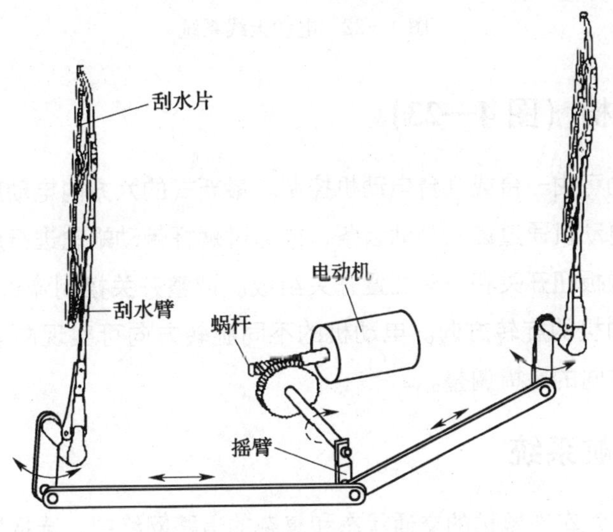

图 4—21 电动刮水器的组成

刮水器通常设置有慢速、快速和间歇（5~8 s 内工作一次）等挡位。为防止刮水器停止时，刮水片停留在玻璃中间影响视线，在刮水器上还设有自动复位装置，保证在任何时候关闭刮水器时，刮水片都能回到规定位置后停止工作。

三、电动天线

电动天线的动力源一般使用永磁式电动机，这种永磁式电动机通过改变通电电流的方向，可实现正转和反转。电动机通常经过一个减速器，再通过两块波形板来带动一根驱动绳。驱动绳一般是由塑料制成，以避免无线电干扰，它和天线的端部相连，当天线收缩时，多余的驱动绳绕进靠近波形板的一个盘管中，天线的上下运动由一个双向开关控制输入电动机的电流方向，使电动机按要求方向转动。

图 4—22 所示为电动天线系统。

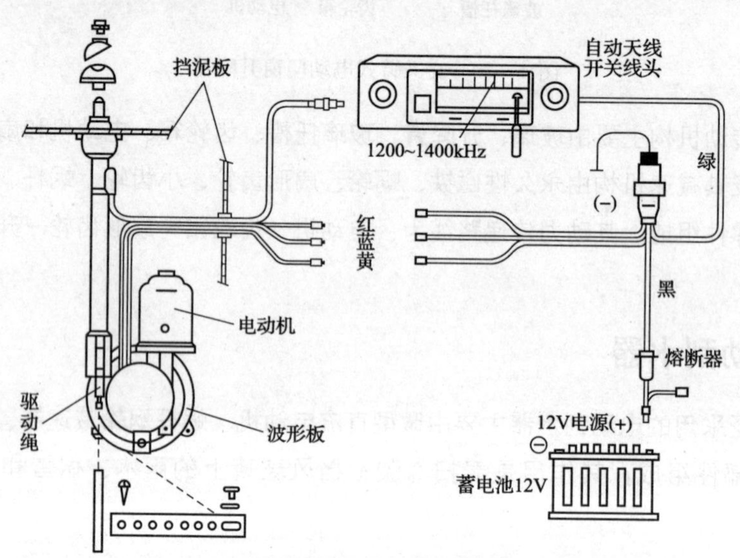

图 4—22　电动天线系统

四、电动座椅（图 4—23）

电动座椅的移动可由一台或几台电动机控制。最新式的六方向电动座椅是利用一台可逆转的永磁式三电枢电动机通过齿轮带动齿条，或通过蜗杆带动蜗轮进行座椅位置的调整。调整开关由一个四位置板钮开关和一对位置开关组成。调整开关控制流过电动机的电流方向，电流方向决定了电动机的旋转方向。电动机的不同旋转方向可实现向前、向后、向上、向下、前俯和后仰等方向的座椅调整。

五、汽车导航系统

汽车导航是引导汽车在繁忙的交通状态和复杂的道路网络中，选择最佳的行驶路径，使其能在尽量短的时间和路程内到达目的地。

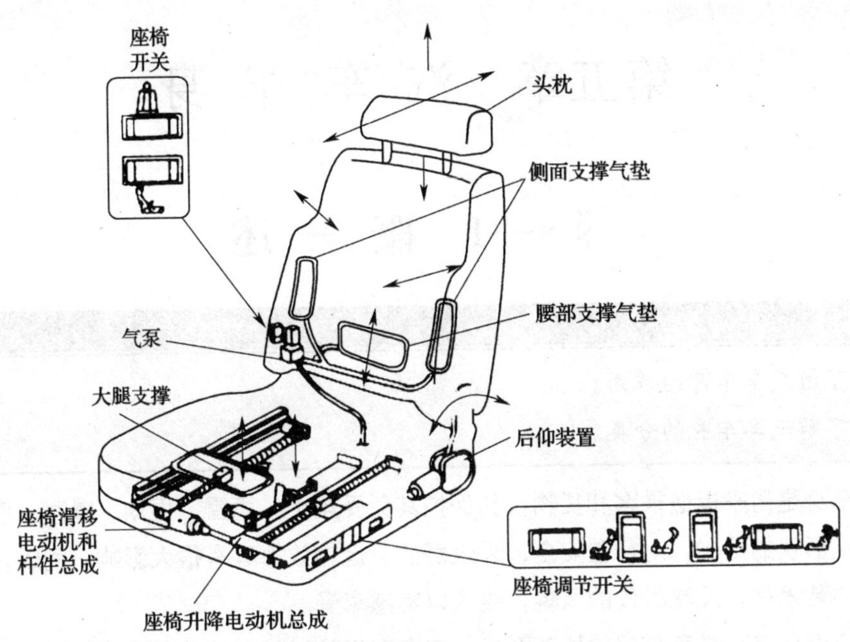

图 4—23　电动座椅

汽车导航系统主要由一台电子计算机、方位检测设备、电子道路数据及显示器组成。行车前驾驶员将汽车所处位置和目标地点输入计算机，计算机就能根据储存的电子道路数据选出本次行车大致的路径，并用合成语音提醒驾驶员道路信息和路况。

车辆前座中央有显示器，可显示道路地图和其他有关交通信息。车的前后部各装有 GPS（全球定位系统）接收天线，GPS 接收器装在行李箱内，地磁传感器装在车顶，在车轮上装有车速传感器，转向机构上装有转向的角度传感器等。有关信息经过 ECU 处理，通过显示器输出对汽车导航，如图 4—24 所示。

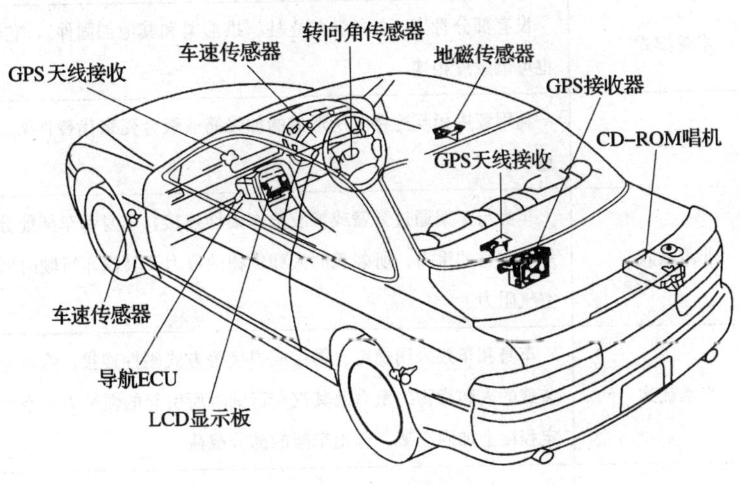

图 4—24　汽车导航系统的组成和布置

第五章　汽 车 车 身

§5—1　概　　述

学习目标

1. 了解汽车车身的作用。
2. 了解汽车车身的分类。

汽车车身是用来运送乘客和货物，并保护其免受尘土、雨雪、振动、噪声、废气等侵袭的具有特定形状的结构，对行驶安全、乘坐舒适、运输效率等有很大影响。同时，车身又是一件精致的艺术品，反映时代的风貌，给人以美感享受。

车身应保证汽车具有合理的外部形状，在汽车行驶时能有效地引导周围的气流，以减少空气阻力和燃料的消耗。此外，车身还应有助于提高汽车行驶稳定性和改善发动机的冷却条件，并保证车身内部通风良好。

汽车车身包括车身壳体及门窗，前后钣制件，车身附件，内外装饰件，座椅以及通风、暖气、冷气等通风装置等。在货车和专用汽车上还包括车厢和其他专用装备。车身分类见表5—1。

表5—1　　　　车身分类

<table>
<tr><th>分类方法</th><th>类型</th><th>特点</th></tr>
<tr><td rowspan="3">按车身壳体结构分类</td><td>骨架式</td><td>像骨骼一样彼此连接成一个整体，蒙皮就固定在骨架上</td></tr>
<tr><td>半骨架式</td><td>设有部分骨架（如单独的立柱、拱形梁和其他加固件），它们既可彼此相连，也可借蒙皮相连</td></tr>
<tr><td>无骨架式</td><td>利用蒙皮相互连接时所形成的加强筋或钣金壳来代替骨架，能减轻车身的重量</td></tr>
<tr><td rowspan="3">按车身壳体受力情况分类</td><td>非承载式</td><td>车身与车架通过弹簧或橡胶垫作柔性连接，车身和车架能分别制造。车身仅承受本身的重力、所装载的人和货物的重力及其汽车行驶时所引起的惯性力和空气阻力</td></tr>
<tr><td>半承载式</td><td>车身和车架采用螺钉、铆接或焊接等方式刚性连接。除承受本身的重力、所装载的人和货物的重力及其汽车行驶时所引起的惯性力和空气阻力外，还在一定程度上加固车架，分担车架的部分载荷</td></tr>
<tr><td>承载式</td><td>无车架，车身作为发动机和底盘等各总成的安装基础，各种载荷由汽车车身承受</td></tr>
</table>

§5—2　汽车车身的主要结构形式

学习目标

1. 掌握乘用车车身的结构形式。
2. 掌握货车车身的结构形式。

一、乘用车车身

乘用车车身分为非承载式（图 5—1）和承载式（图 5—2）两种类型。早期轿车车身大都采用非承载式车身，20 世纪 80 年代后期，轿车车身的结构转向以承载式车身结构为主。下面以承载式车身结构为例加以介绍。

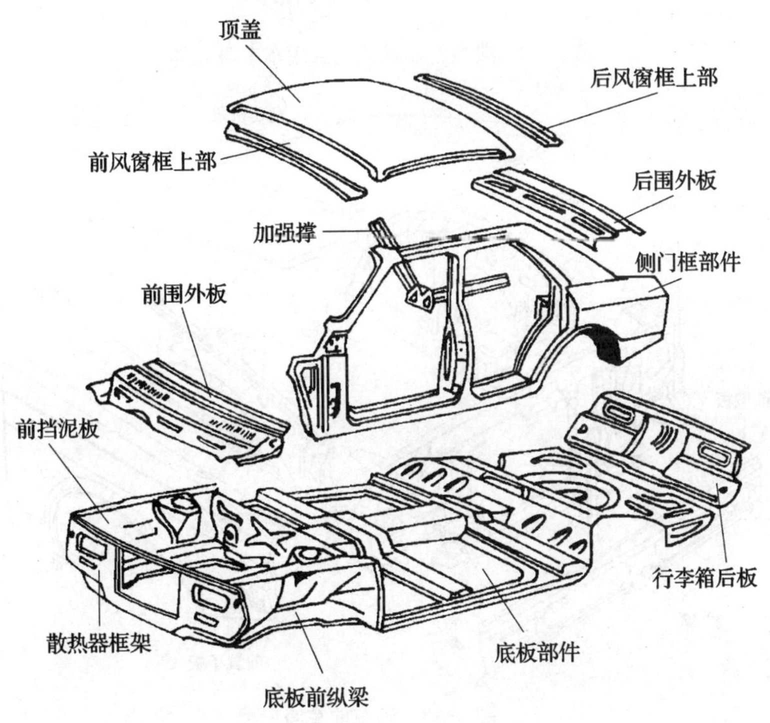

图 5—1　典型的承载式乘用车车身壳体

1. 前车身

前车身主要由翼子板、前段纵梁、前围板及发动机罩等构件组成。大多数轿车的前部装有前悬挂及转向装置和发动机总成，前车身如图 5—3 所示。当汽车受到正向冲击时，依靠前车身来有效地吸收冲击能量。为此，前车身在构造上应确保有足够的强度、刚度。因此，一般将前悬挂支承座的断面制成箱形封闭式结构。

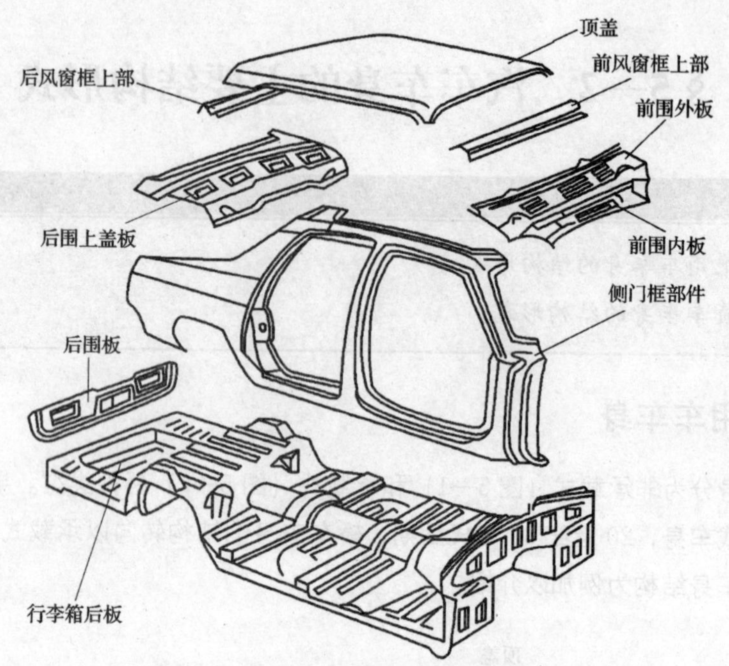

图 5—2　典型的非承载式乘用车车身壳体

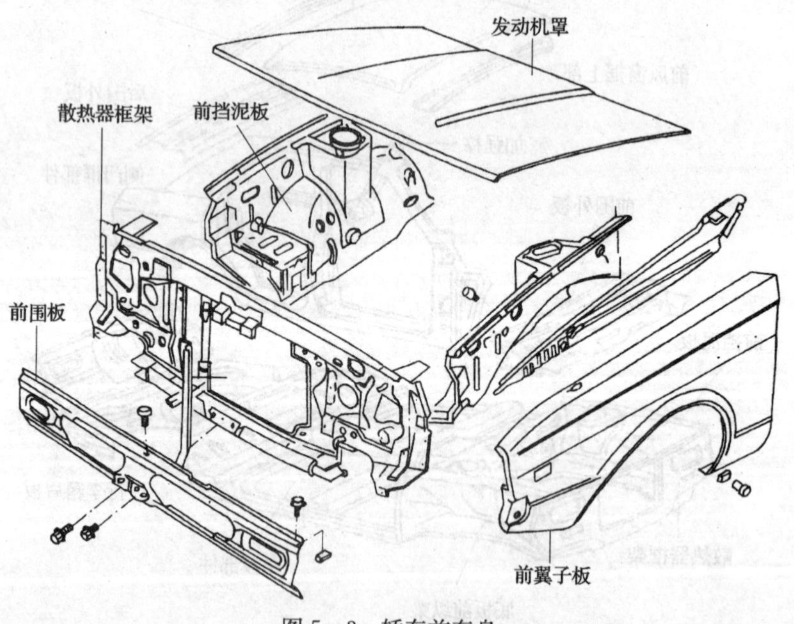

图 5—3　轿车前车身

2. 中间车身

中间车身侧体设有车门、侧体门框、门槛及沿周采用高强度钢制成的抗弯曲能力较高的箱型断面。中间车身侧体框架的中柱、边框、车顶边梁、侧体下边梁等结构件也采用封闭型断面结构。车顶、车底和立柱等构件，均以焊接方式组合在一起。

中间车身的窗柱起着支承风窗和车顶的作用，一般下部做的粗大，上部的截面尺寸需要考虑驾驶视野而缩小。

车身底板是中间车身的基础，而且汽车行驶中加给车身的载荷都是通过底板传递并加以扩散。除选用高强度钢板冲压外，车身底板上还配置了抗载能力强的车身纵梁和横梁。车身测量与维修用的基准孔也设置在车身的横、纵梁上。

中间车身构造如图 5—4 所示。

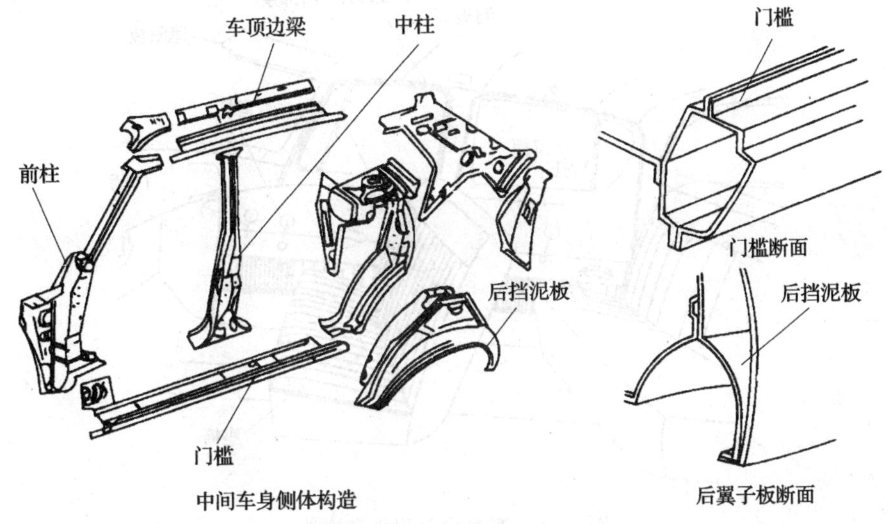

图 5—4 中间车身构造

3. 后车身

轿车后车身是用于放置物品的部分，可以说是中间车身侧体的延长部分。后车身如图 5—5 所示。

后车身的主要载荷来自于汽车后悬挂，尤其是对于后轮驱动的车辆，驱动力通过车桥、悬挂直接作用于后车身上。为确保后车身的强度，车身重量由中间车身径直向后延伸，到相当于后桥部位再形成拱形弯曲。这样既保证了后车身的刚度，又不至于使后桥与车身发生干涉。而且，当车身后部受到追尾碰撞时，还能瞬时吸收部分冲击能量，以其变形来实现对乘客室的有效保护。

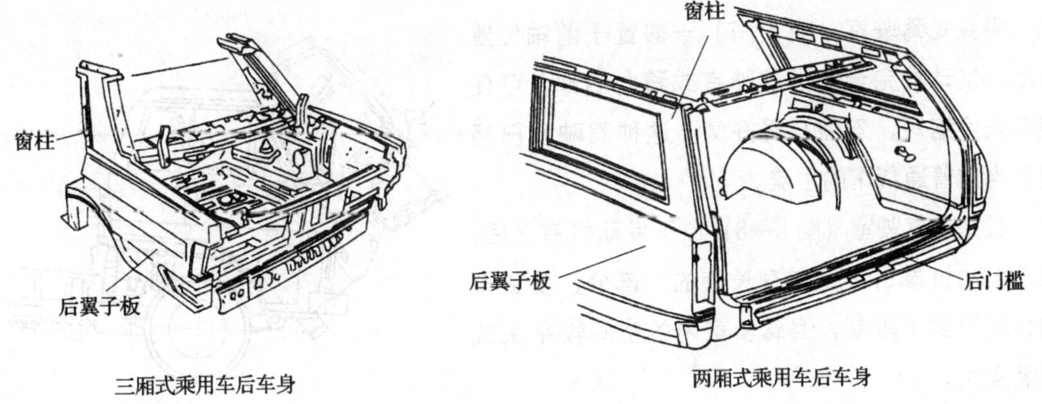

图 5—5 后车身

4. 车身内部布置

如图 5—6 所示为车身内部附件和饰件，其主要功用为隐蔽粗糙的边缘，起装饰作用，使乘客感到舒适和方便。现代汽车在满足上述要求的同时，已向着艺术美观方向发展。

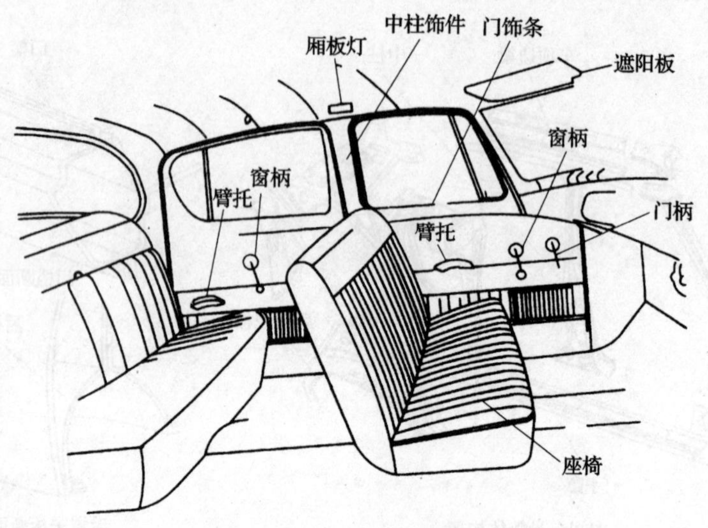

图 5—6 车身内部附件和饰件

二、货车车身

货车车身主要包括驾驶室和货箱。

1. 驾驶室

货车驾驶室多采用无骨架的全金属壳体结构，用薄钢板压型件相互焊接而成。货车驾驶室一般只占汽车的小部分，故一般都采用非承载式结构，通过三个或四个点支承在车架上，其中的 1～2 点采用弹簧或橡胶衬垫等弹性元件与车架连接，可减少驾驶室振动和车架扭动变形时对驾驶室的影响。

驾驶室一般分为长头式、短头式和平头式三种，最常见的为平头式和长头式。

平头式驾驶室（图 5—7）一般置于前轴位置之上，发动机完全伸进驾驶室或移向后部，可使整车长度缩短，驾驶视野开阔。这种驾驶室已经成了当前普通货车的主流。

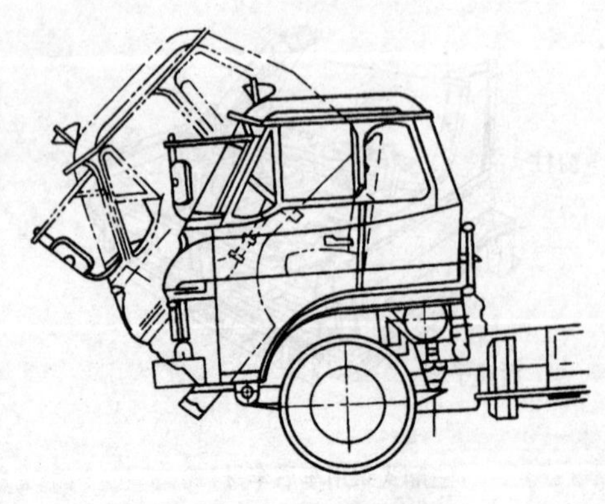

图 5—7 平头式驾驶室

长头式驾驶室（图 5—8）位于发动机室之后，由于发动机罩占去了车身长度的一部分，使货车的长度受到了限制，但驾驶室内的空间较平头式驾驶室大。

长头式驾驶室可分为前后两个部分：车头和

驾驶室主体。车头部分的发动机罩根据开启方式不同可分为鳄口型和车头翻转型两种。鳄口型车头的整体性能好，但开启后发动机室的敞口小；翻转型车头较好地解决了前述存在的问题，但也存在碰撞事故后波及范围大、修理难度高的不足。这两种车型的驾驶室主体部分在结构上区别不是很大，差别突出反映在驾驶室的车前钣金件上。

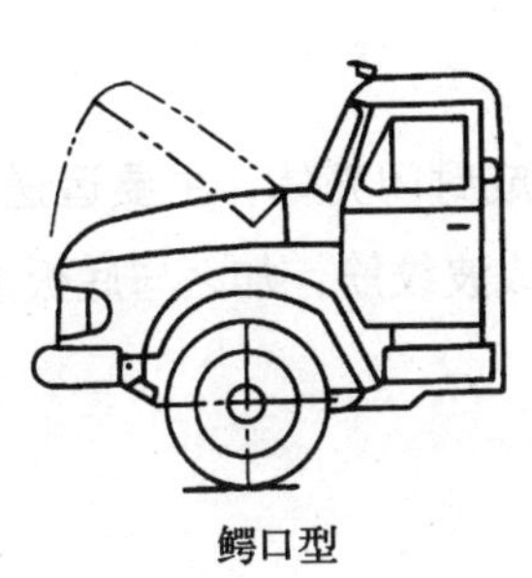

图 5—8　长头式驾驶室

2. 货车车厢

货车车厢因装载的货物不同分为栏板式（图 5—9）、箱式（图 5—10）和平板式（图 5—11）三种。

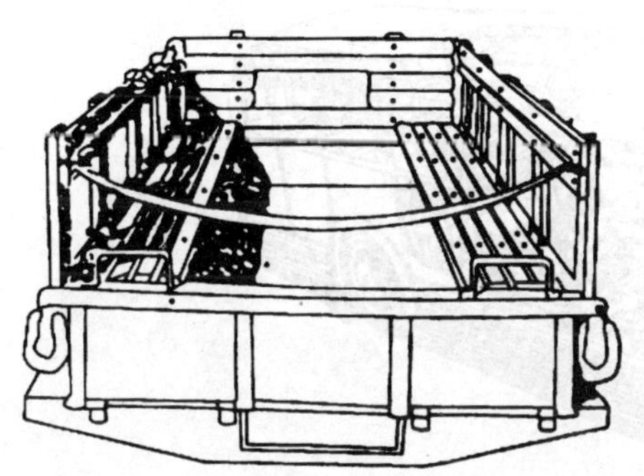

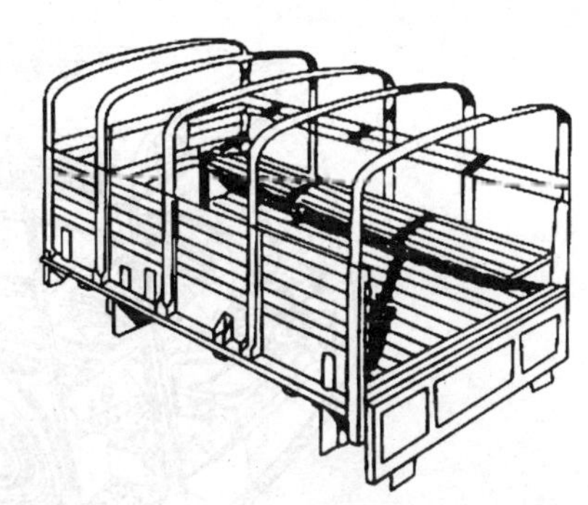

图 5—9　栏板式车厢

图 5—10　箱式车厢

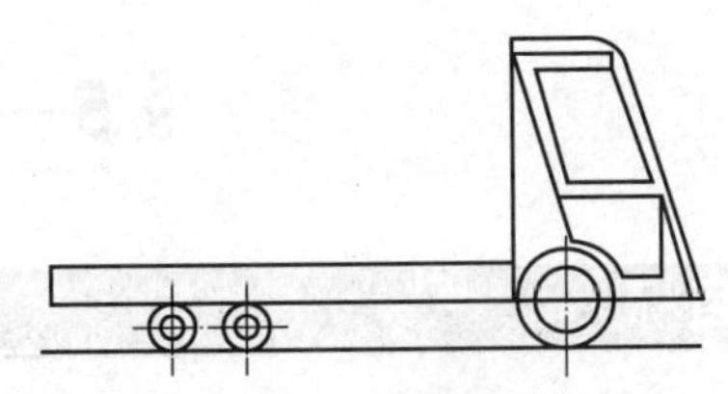

图 5—11　平板式车厢

(1) 平板式

平板式车厢主要用于承运集装箱，和其他各类货车厢相比，区别在于平板四周装有集装箱锁，是专为防止集装箱在运输过程中发生倾翻和位移而设置的。

(2) 栏板式

车厢沿周装有可开启的挡货栏板，较短的车厢为单开式（一般为后开），其余车厢栏板均为固定式。较大的车厢为三开式（三面栏杆均可开启）。

车厢前端的防护架也是栏板式车厢的组成部分，它与车厢底板固定在一起，防止货物在运输中前移而危及驾驶室。

(3) 厢式

车厢利用型材或冲压的构件制成框架，再覆蒙皮形成封闭壳体，主要运送特定的货物。为提高强度和使蒙皮不致产生振动，几乎所有表面都制成波纹筋，加之与底板刚性连接，使整个壳体具有很大的刚度和承载能力。

三、客车车身

大中型客车的车身一般都采用骨架式结构，广泛使用的有非承载式车身和半承载式车身。

非承载式客车车身一般是将车身单独加工，然后将其固定在汽车底盘的车架上而成。

半承载式客车车身一般是在汽车底盘车架的基础上，将底盘车架横梁加宽并与车身侧壁骨架直接作刚性连接而成，如图 5—12 所示。

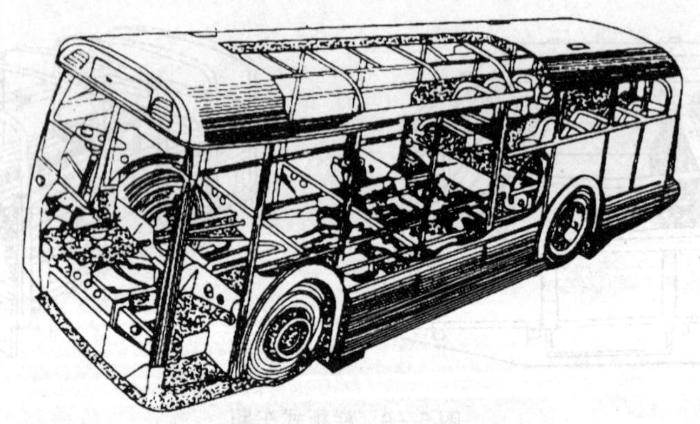

图 5—12 半承载式客车车身

§5—3 车 门

学习目标

1. 了解车门的类型。
2. 掌握车门的结构。

一、车门类型

车门是车身的重要组成部分，对车门的主要要求是：具有必要的开度，在最大开度时，保证上下车方便；安全可靠，行车时车门不会自动打开；开关方便，玻璃升降方便；具有良好的密封；具有足够的刚度，不易变形下沉，行车时不振响。

车门的结构形式很多，大体可以分为以下几种：

1. 旋转式车门

如图 5—13 所示的旋转式车门是最为常见的一种车门类型。

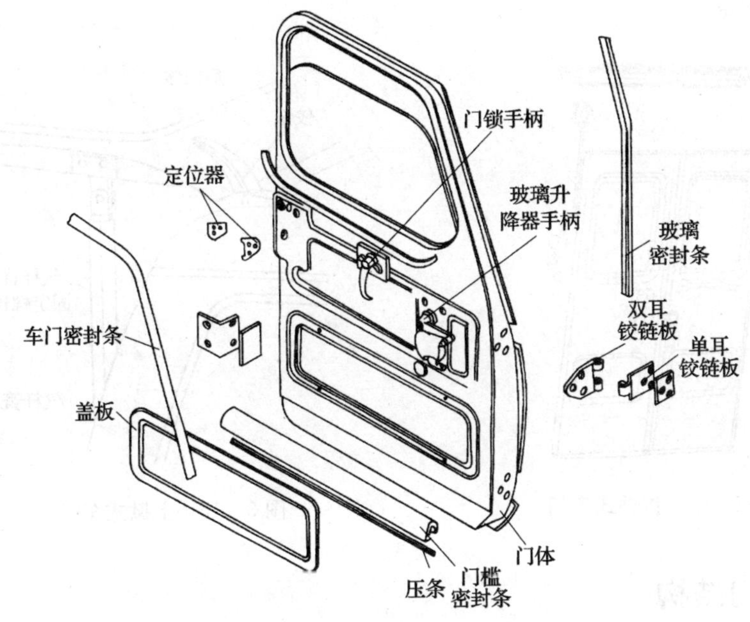

图 5—13 旋转式车门

2. 推拉式车门

推拉式车门仅仅适用于客车和部分厢式货车，它的支承与滑动主要依靠安装在车门上、中、下的三个滑轨及与之配合的滚柱，如图 5—14 所示。

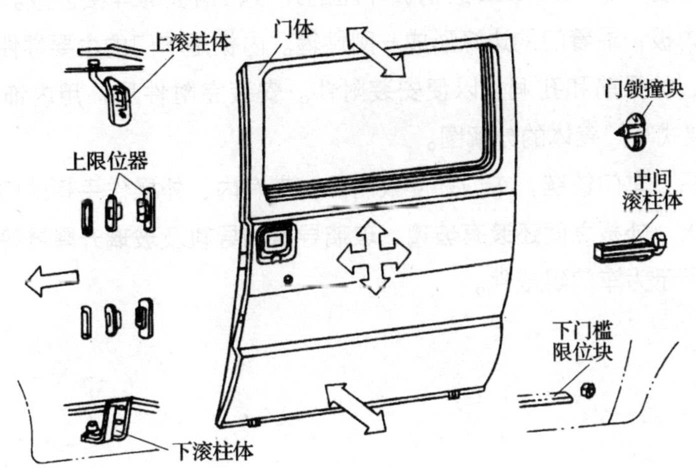

图 5—14 推拉式车门

3. 折叠式车门

折叠式车门广泛用于大、中型客车的乘客门。启动方式普遍采用气动，如城市客车、长途客车等，如图 5—15 所示。

4. 上掀式车门

上掀式车门广泛用于轿车、轻型商用汽车、救护车等的后门，便于装卸行李、物品等，如图 5—16 所示。

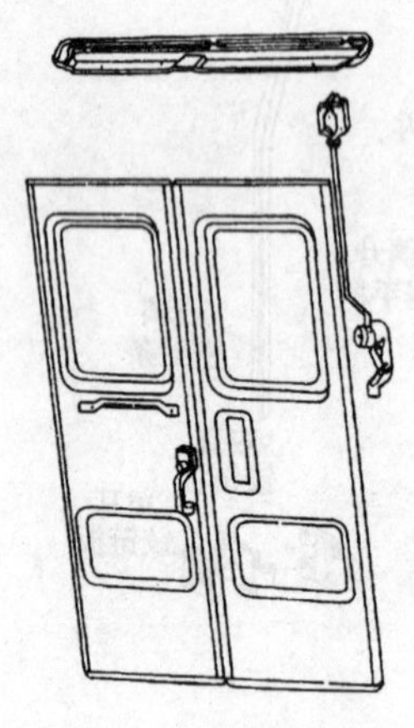
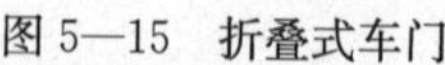

图 5—15 折叠式车门

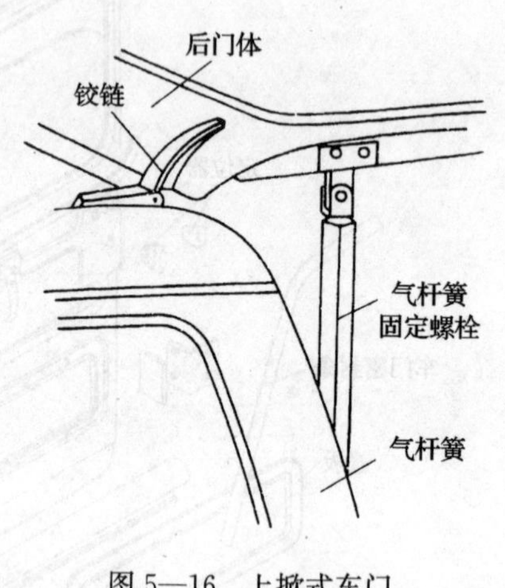

图 5—16 上掀式车门

二、车门结构

车门是由壳体、附件和内饰盖板三部分组成的。壳体按其结构可分为整体式或框架式。整体式车门的玻璃窗框是与门内、外板一体冲压制成的，其优点是车门零件数少，组装方便，车门刚性好并便于设两道密封条。缺点是加工困难，需大型冲压设备。框架式车门的玻璃窗框是用螺钉固定或焊接在门体上的。

车门壳体由厚度 0.8～1.0 mm 的钢板冲压的外板和钢板等焊接而成。外板外形与整车协调，外板包着内板，沿着门的边缘形成一刚性箍。内板是车门的主要零件，在内板上冲有各种形状的窝穴、加强筋和孔洞，以便安装附件。安装完附件后，用内饰板将其遮盖。图 5—17 所示为框架式车门壳体的分解图。

车门附件包括：车门铰链，车门开度限制器，带有内、外操作手柄的门锁，定位器，车门密封条，在门内、外板之间还装有玻璃、玻璃导槽和导轨及玻璃升降器等。

如图 5—18 所示为车门组成件。

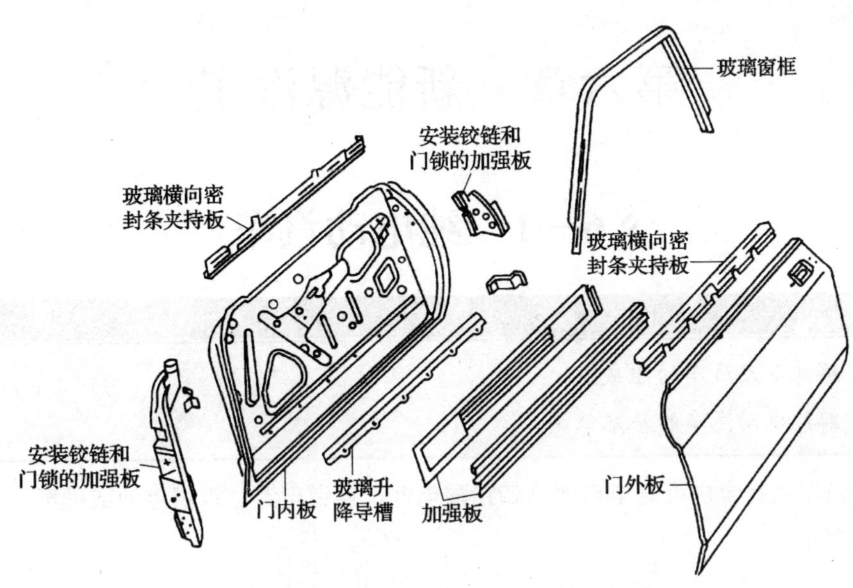

图 5—17　框架式车门壳体分解图

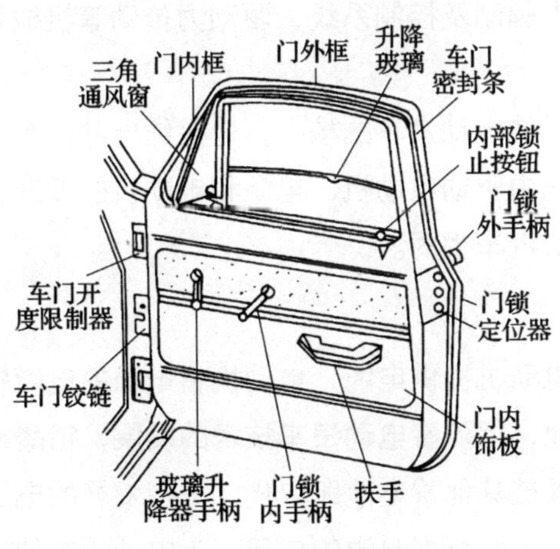

图 5—18　车门组成件

第六章　新能源汽车

§ 6—1　纯电动汽车

学习目标

1. 了解纯电动汽车的组成。
2. 了解纯电动汽车的基本结构。

纯电动汽车是完全由可充电电池（如铅酸电池、镍镉电池、镍氢电池或锂离子电池）提供动力源的汽车。

一、纯电动汽车的组成

纯电动汽车主要由电力驱动及控制系统、驱动力传动等机械系统、完成既定任务的工作装置等组成。

电力驱动及控制系统是纯电动汽车的核心，也是纯电动汽车区别于内燃机汽车的最大不同点。电力驱动及控制系统由驱动电动机、电源和电动机的调速控制装置等组成。纯电动汽车的其他装置基本与内燃机汽车相同。

1. 电源

它为电动汽车的驱动电动机提供电能，电动机将电源的电能转化为机械能。目前，应用最广泛的电源是铅酸蓄电池，但随着电动汽车技术的发展，铅酸蓄电池由于能量低，充电速度慢，寿命短等缺点，逐渐被其他蓄电池所取代。正在发展的电源主要有钠硫电池、镍镉电池、锂电池、燃料电池等，这些新型电源的应用，为电动汽车的发展开辟了广阔的前景。

2. 驱动电动机

驱动电动机的作用是将电源的电能转化为机械能，通过传动装置或直接驱动车轮和工作装置。但由于直流电动机存在换向火花，功率小、效率低，维护保养工作量大等不足，随着电动机控制技术的发展，逐渐被直流无刷电动机、开关磁阻电动机和交流异步电动机所取代。

3. 调速控制装置

电动机调速控制装置是为电动汽车的变速和方向变换等设置的，其作用是控制电动机的电压或电流，完成电动机的驱动转矩和旋转方向的控制。

4. 传动装置

电动汽车传动装置的作用是将电动机的驱动转矩传给汽车的驱动轴，当采用电动轮驱动时，传动装置的多数部件常常可以忽略。因为电动机可以带负载启动，所以电动汽车上无须传统内燃机汽车的离合器。因为驱动电动机的旋向可以通过电路控制实现变换，所以电动汽车无须内燃机汽车变速器中的倒挡。当采用电动机无级调速控制时，电动汽车可以省略传统汽车的变速器。在采用电动轮驱动时，电动汽车也可以省略传统内燃机汽车传动系统的差速器。

5. 行驶装置

行驶装置的作用是将电动机的驱动力矩通过车轮变成对地面的作用力，驱动车轮行走。它与其他汽车的构成是相同的，由车轮、轮胎和悬架等组成。

6. 转向装置

转向装置是为实现汽车的转弯而设置的，由转向机、方向盘、转向机构和转向轮等组成。作用在方向盘上的控制力，通过转向机和转向机构使转向轮偏转一定的角度，实现汽车的转向。多数电动汽车为前轮转向，工业中用的电动叉车常常采用后轮转向。电动汽车的转向装置分为机械转向、液压转向和液压助力转向等类型。

7. 制动装置

电动汽车的制动装置同其他汽车一样，是为汽车减速或停车而设置的，通常由制动器及其操纵装置组成。在电动汽车上，一般还有电磁制动装置，它可以利用驱动电动机的控制电路实现电动机的发电运行，使减速制动时的能量转换成对蓄电池充电的电流，从而有效使用能量。

8. 工作装置

工作装置是工业用电动汽车为完成作业要求而专门设置的，如电动叉车的起升装置、门架、货叉等。货叉的起升和门架的倾斜通常由电动机驱动的液压系统完成。

二、纯电动汽车的分类

纯电动汽车的种类较多，通常按车辆用途、车载电源数目以及驱动系统的组成进行分类。按照用途不同分类，纯电动汽车可分为电动轿车、电动货车和电动客车三种。

1. 电动轿车

它是目前最常见的纯电动汽车。纯电动轿车已经批量生产，并已进入汽车市场。

2. 电动货车

用作功率运输的电动货车目前还比较少，而在矿山、工地及一些特殊场地，则早已出现了一些大吨位的纯电动载货汽车。

3. 电动客车

目前纯电动客车也较少见，主要用作公共汽车，在一些城市的公交线路以及世博会、世界性的运动会上，已经有了良好的表现。

三、纯电动汽车的基本结构

电动汽车的结构布置各式各样，比较灵活，概括起来分为电动机中央驱动和电动轮驱动两种形式。

采用电动机中央驱动形式，直接借用了内燃机汽车的驱动方案，由发动机前置前驱发展而来，由电动机、离合器、变速箱和差速器组成。用电动机替代了内燃机，通过离合器将电动机动力与驱动轮进行连接或动力切断，变速箱提供不同的传动比以变更转速—功率曲线匹配的需要，差速器实现转弯时两车轮不同车速行驶。

采用电动轮驱动形式，机械差速器被两个牵引电动机所代替，两个电动机分别驱动各自车轮，转弯时通过电子差速控制以不同车速行驶，省掉了机械差速器。

蓄电池可以布置在车上的四周，也可以集中布置在车的尾部或者布置在底盘下面。

§6—2 混合动力电动汽车

学习目标

1. 了解混合动力电动汽车的特点。
2. 了解混合动力电动汽车的分类和结构。

所谓混合动力电动汽车，是指拥有两种不同动力源的汽车。这两种动力源在汽车不同的行驶状态下分别工作，或者一起工作，通过这种组合达到最少的燃油消耗和尾气排放，从而实现省油和环保的目的。

一、混合动力电动汽车的特点

(1) 采用混合动力后可按平均需用的功率来确定内燃机的最大功率，此时处于油耗低、污染少的最优工况下工作。需要大功率而内燃机功率不足时，由电池来补充；负荷小时，富余的功率可发电给电池充电。由于内燃机可持续工作，电池又可以不断得到充电，故其行程和普通汽车一样。

(2) 因为有了电池，可以十分方便地回收制动时、下坡时、怠速时的能量。

(3) 在繁华市区，可关停内燃机，由电池单独驱动，实现“零”排放。

(4) 内燃机可以十分方便地解决耗能大的空调、取暖、除霜等设备用电问题。

(5) 可以利用现有的加油站加油，不必再投资。

(6) 可让电池保持在良好的工作状态，不发生过充、过放，延长其使用寿命，降低成本。

二、分类和结构

混合动力电动汽车有三种基本工作方式，即串联式、并联式和串并联（或称混联）式。

1. 串联式混合动力系统

串联式混合动力系统用电动机驱动车轮，电动机的电力来自发动机。

其基本结构是由电动机、发动机、发电机、动力蓄电池、变压器组成。由一个小输出功率的发动机进行准稳恒性运转来带动发电机，直接向电动机供应电力，或一边给动力蓄电池充电一边行驶。由于内燃发动机的动力是以串联的方式供应到电动机，所以称为“串联式混合动力系统”，如图 6—1 所示。

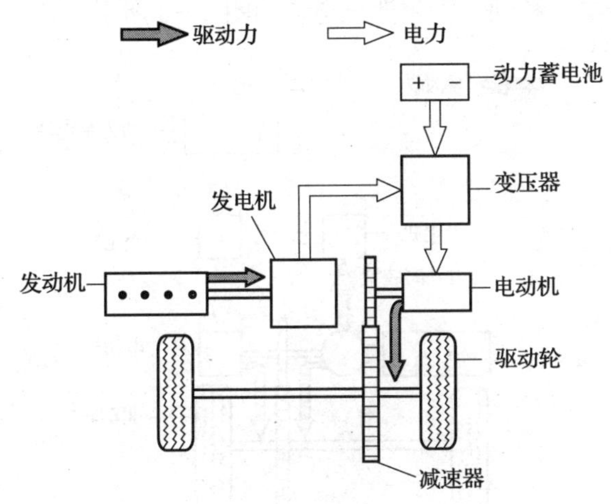

图 6—1　串联式混合动力系统

2. 并联式混合动力系统

并联式混合动力系统使用电动机和发动机两种动力来驱动车轮，用发动机来给动力蓄电池充电，其基本结构是由电动机、发动机、动力蓄电池、变压器和变速器组成。

并联式混合动力系统中利用动力蓄电池的电力来驱动电动机。因电动机兼用为发电机，所以不能一边发电一边用来行驶。动力的流向为并联，所以称为“并联式混合动力力系统”，如图 6—2 所示。

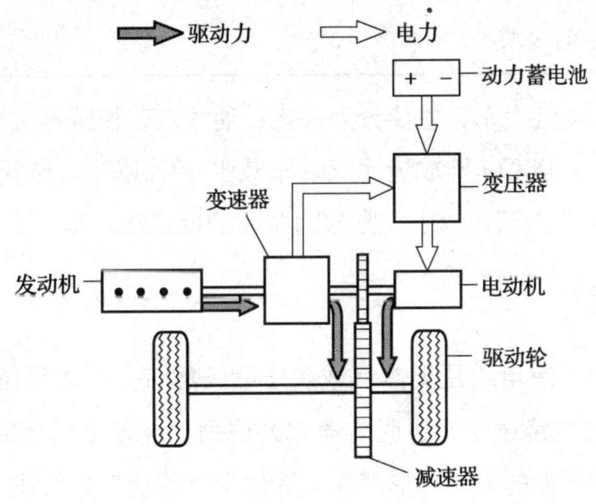

图 6—2　并联式混合动力系统

3. 混联式混合动力系统

混联式混合动力利用电动机和发动机来驱动车轮，并可用发电机来发电及自行充电。

根据行驶条件的不同，可以仅靠电动机驱动力来行驶，或者利用发动机和电动机驱动行驶。另外还安装有发电机，所以可以一边行驶，一边给动力蓄电池充电。其基本结构由电动机、发动机、动力蓄电池、发电机、动力分离装置、电子控制单元（变压器、转换器）组成。利用动力分离装置将发动机的动力分成两部分，一部分用来直接驱动车轮，另一部分用来发电，给电动机供应电力和动力蓄电池充电，如图 6—3 所示。

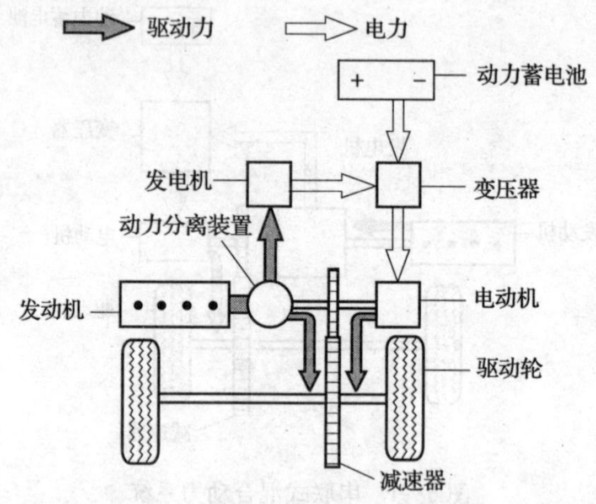

图 6—3 混联式混合动力系统

§6—3 燃气汽车

学习目标

1. 了解燃气汽车的技术原理。
2. 了解燃气汽车的分类。

燃气汽车又称为天然气汽车，主要分为液化石油气汽车和压缩天然气汽车两种。燃气汽车主要以天然气为燃料，其 CO 排放量比汽油车减少 90%以上，碳氢化合物排放减少 70%以上，氮氧化合物排放减少 35%以上，是较为实用的低排放汽车。

一、技术原理

燃气汽车的燃料大多使用的是天然气或者压缩天然气。车用压缩天然气一般被压缩为 20～25 MPa，可将天然气经过脱水、脱硫净化处理后，经多级加压制得，然后将其泵入连接至汽车后部、上部或支架的高压筒形气瓶，其使用时的状态为气体。

燃气汽车发动机原理与汽油汽车的原理一致。当燃气汽车发动机启动后，天然气从储气瓶通过软管导入，在发动机附近进入压力调节器从而实现降压。将减压后的天然气送到混合器中，在四冲程发动机的混合器中与空气混合。传感器和计算机将对燃料和空气的混合气体进行调节，以便火花塞点燃天然气时，燃烧更有效。然后，天然气将进入多点顺序喷射喷轨，该喷轨会将气体引入气缸中，仍然使用原汽油机的点火系统中的火花塞点火。

燃气汽车的主要技术有：燃料的随车携储容器、储运，加气站的设备与技术；供给系统与混合燃烧技术；燃气喷射系统及闭环控制技术；内燃机上广泛采用的电控喷射技术、增压中冷技术、四气门技术、稀薄燃烧技术等。

二、分类

不同种类的天然气汽车各有特点，其中压缩天然气（CNG）和液化石油气（LPG）是两种极有前途的汽车代用燃料。

1. 按照燃料状态分

（1）压缩天然气（CNG）汽车

压缩天然气是指压缩到 20.7～24.8 MPa 的天然气，储存于车载高压气瓶中。压缩天然气（CNG）是一种无色透明、无味、高热量、比空气轻的气体，主要成分是甲烷，具有组分简单，易完全燃烧，燃料含碳少，抗爆性好，不稀释润滑油，因而能够延长发动机的使用寿命。

（2）液化天然气（LNG）汽车

液化天然气是指常压下、温度为－162℃的液体天然气，储存于车载绝热气瓶中。液化天然气（LNG）燃点高、安全性能强，适于长途运输和储存。

（3）液化石油气（LPG）汽车

液化石油气是一种在常温常压下为气态的烃类混合物，比空气重，有较高的辛烷值，具有混合均匀、燃烧充分、不积炭、不稀释润滑油等优点，因而能够延长发动机的使用寿命，而且一次载气量大、行驶里程长。

2. 按照燃料燃烧方式分

（1）专用燃料天然气汽车

又称为纯 CNG 或 LPG 汽车，单独燃烧 CNG 或 LPG；发动机只使用天然气作为燃料。

（2）两用燃料天然气汽车

既可以使用天然气又可以使用汽油作为燃料。汽油与 LPG 或 CNG 之间互相转换，互不影响。汽车有两套独立的燃料系统，但两种燃料不能同时注入发动机燃烧室。

（3）双燃料天然气汽车

液体燃料与 CNG 或 LPG 可以掺混作为燃料。一般具有两套燃料供应系统，系统一套供给 CNG 或 LPG，另一套供给其他燃料。两套燃料系统按预定的配比向气缸供给燃料，在缸内混合燃烧。

§6—4 燃料电池电动汽车

学习目标

1. 了解燃料电池电动汽车的反应机理及种类。
2. 了解燃料电池电动汽车的组成部分。

燃料电池电动汽车实质上是电动汽车的一种，在车身、动力传动系统、控制系统等方面，燃料电池电动汽车与普通电动汽车基本相同，主要区别在于动力电池的工作原理不同。

一、燃料电池的反应机理

燃料电池的反应机理是将燃料中的化学能不经过燃烧直接转化为电能，即通过电化学反应将化学能转化为电能，实际上就是电解水的逆过程，通过氢氧的化学反应生成水并释放电能。电化学反应所需的还原剂一般采用氢气，氧化剂则采用氧气，因此，最早开发的燃料电池电动汽车多是直接采用氢燃料，氢气的储存可采用液化氢、压缩氢气或金属氢化物等形式。

燃料电池的反应不经过热机过程，因此其能量转换效率不受卡诺循环的限制，能量转化效率高。它的排放主要是水，非常清洁，不产生任何有害物质。因此，燃料电池技术的研究和开发备受各国政府与大公司的重视。

二、种类

燃料电池的种类繁多，通常可以依据其工作温度、燃料来源、电解质不同进行分类。

按工作温度不同，燃料电池可分为高、中、低温型三类。工作温度从常温至100℃为低温燃料电池，工作温度在100～300℃为中温燃料电池，工作温度在500℃以上为高温燃料电池。

按燃料来源不同，燃料电池可分为两类：第一类是直接式燃料电池，即燃料直接使用氢气；第二类是间接式燃料电池，是通过某种方法把氢气（H_2）、甲烷（CH_4）、甲醇（CH_3OH）或其他烃类化合物转变成氢或富含氢的混合气供给燃料电池。

按电解质不同，燃料电池大致上可分为五类：碱性燃料电池（AFC）、磷酸型燃料电池（PAFC）、固体氧化物燃料电池（SOFC）、熔融碳酸盐燃料电池（MCFC）、质子交换膜燃料电池（PEMFC）。

三、组成部分

(1) 燃料电池发动机（FCE）：主要由燃料电池堆、进气系统、排水系统、供氢系统、冷却系统、电堆控制单元和监控系统组成。它是主要的动力源。

(2) 动力蓄电池组：辅助动力源。

(3) 电流变换器：交直流变换。

(4) 动力总成：传递动力、换挡。

(5) 氢气系统：提供氢气。

(6) 动力控制单元：动力控制、故障诊断。

第七章　汽车选购、管理与保险

§7—1　汽车主要性能

学习目标

了解汽车的主要性能指标。

评定汽车的性能指标主要有：动力性、燃油经济性、制动性、操控稳定性、行驶平顺性以及通过性等。

一、动力性

汽车的动力性用汽车在良好路面上直线行驶时所能达到的平均行驶速度来表示。汽车动力性主要用三个方面的指标来评定：最高车速、汽车的加速时间、汽车的爬坡能力。

1. 最高车速：指汽车在平坦良好的路面上行驶时所能达到的最高速度。数值越大，动力性就越好。

2. 汽车的加速时间：表示汽车的加速能力，也形象地称为反映速度能力。它对汽车的平均行驶车速有很大的影响，特别是轿车，加速时间是一项重要的动力性参数。常用原地起步加速时间以及超车加速时间来表示。

3. 汽车的爬坡能力：用满载时汽车所能爬上的最大坡度来表示。

二、燃油经济性

汽车的燃油经济性常用一定工况下汽车行驶百公里的燃油消耗量或一定燃油量能使汽车行驶的里程来衡量。在我国及欧洲，汽车燃油经济性指标的单位为 L/100 km，即汽车行驶 100 km 所消耗的燃油升数，其数值越小，汽车燃油经济性就越好，汽车就越省油。燃油经济性与很多因素有关，如行驶速度。当汽车在接近于低速的中等车速行驶时，燃油消耗量最低，高速时随车速增加而迅速增加。另外，汽车的维护与调整也会影响到燃油经济性。

三、制动性

汽车行驶时在短距离内停车且维持行驶方向稳定，以及汽车在长坡时维持一定车速的能力称为汽车的制动性。汽车的制动性能指标主要有制动效能、制动效能的恒定性、制动时汽车的方向稳定性、汽车的制动过程。

1. 制动效能：汽车的制动距离或制动减速度，用汽车在良好路面上以一定初速度制动到停车的制动距离来评价。制动距离越短，制动性能越好。

2. 制动效能的恒定性：指汽车高速行驶下长坡连续制动时，制动器连续制动效能保持的程度。

3. 制动时汽车的方向稳定性：汽车制动时不发生跑偏、侧滑以及失去转向能力的性能。

4. 汽车的制动过程：主要指制动机构的作用时间。

四、操控稳定性

汽车的操控稳定性是指司机在不感到紧张、疲劳的情况下，汽车能按照司机通过转向系统给定的方向行驶；而当遇到外界干扰时，汽车所能抵抗干扰而保持稳定行驶的能力。汽车操控稳定性通常用汽车的稳定转向特性来评价。转向特性有不足转向、过度转向以及中性转向三种状况。有不足转向特性的汽车，在固定方向盘转角的情况下绕圆周加速行驶时，转弯半径会增大；有过度转向特性的汽车，在这种条件下转弯半径则会逐渐减小；有中性转向特性的汽车，则转弯半径不变。

易操控的汽车应当有适当的不足转向特性，以防止汽车出现突然甩尾现象。

五、行驶平顺性

汽车的行驶平顺性是保持汽车在行驶过程中，乘员所处的振动环境具有一定的舒适度的性能。这与汽车的底盘参数、车身几何参数，以及汽车的动力性以及操控性等有密切关系。

六、通过性

汽车的通过性是指汽车在一定载重下，能以足够高的平均车速，通过各种坏路和无路地带（如松软的土壤、沙漠、雪地、沼泽及坎坷不平地段），以及克服各种障碍（陡坡、侧坡、台阶、壕沟等）的能力。

§7—2 汽车选购

学习目标

1. 了解世界各车系的特点。
2. 了解购车的基本流程。

一、车系介绍

1. 美系车

美系车最大的特点就是强调舒适性和动力性，兼顾安全性。美系车往往车身较为庞大，悬挂系统和隔音设计非常出色，发动机强调大排量、大马力，安全性也非常好。缺点是过分强调大马力和大车身往往导致美系车给人以油耗大的印象。

2. 欧系车

欧洲的造车理念是强调技术上的先进性和高度安全性，设计较为严谨、科学，质量非常可靠，在制造技术、零部件的制造和选材方面比较严格，拥有良好的技术性和耐久性。缺点是过度依赖技术和设计的先进性，选材不计成本，所以造价偏高。

3. 日系车

日系车的设计理念是两小一大，即油耗最小、使用成本最小，舒适性和使用便利性最大。日系车往往都采用小排量发动机，而且节油技术非常先进，维护成本比较低，使用成本非常低。在汽车的设计方面，特别是驾驶舱的设计方面，选材非常科学，善于营造舒适、温馨的氛围，各种储物格和舒适性电子装备非常多，强调最大的舒适性、便利性。缺点是成本控制做得很好，导致一些不容易被发现的零部件材质差，设计方面对安全性的重视程度不够好。

4. 韩系车

韩系车的设计、制造能力都源自日系车，但经过韩国人的努力也形成了自己的风格。韩系车除了兼顾日系车的省油、电子装备多、性价比高以外，在成本控制方面比日系车做得更好，但零部件的耐久度不及日系车，过度强调性价比而牺牲了汽车的耐用度。

5. 国产车

目前，国产车的整体设计、制造水平比欧系车、日系车落后，突出表现为三大系统（车身、底盘、发动机）设计能力不足，缺乏具有自主知识产权的优秀产品。但国产车在近年来也逐渐进步，例如奇瑞、华晨、吉利、一汽红旗，整体实力和造车质量都在不断提高。

二、购车流程

购买新车的基本流程如图 7—1 所示。

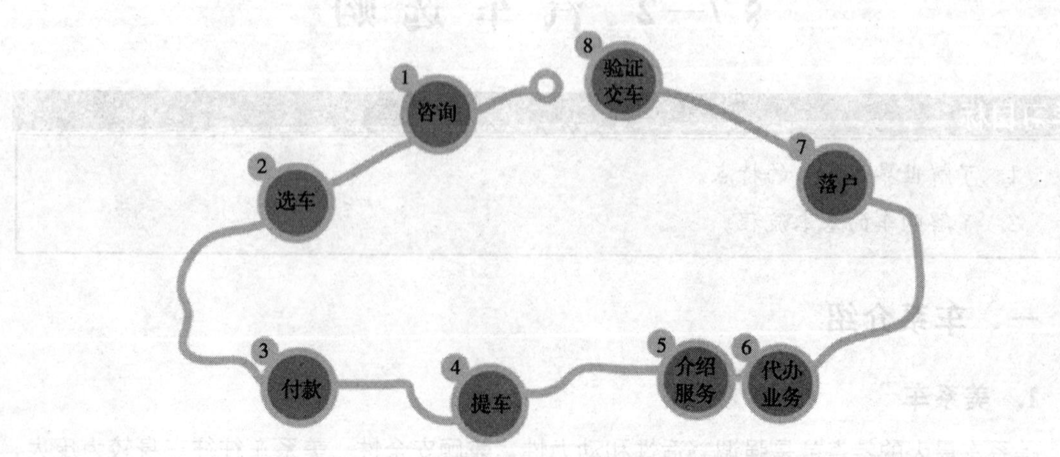

图 7—1 购车流程

第一步：咨询。

消费者准备购车前都会来专卖店或4S店参观并咨询自己所关心的问题，这时销售人员会仔细回答消费者提出的每一个问题，比如价格、车型、技术性能、付款方式、汽车维护和维修等。

第二步：选车。

如果消费者决定购买，首先要选择车辆，在销售人员的帮助和介绍下挑选中意的车型、颜色、外观、性能等，确定要选购的汽车。

第三步：付款。

如果是现款提车，只需要身份证和购车款，手续相对简单。如果贷款购车，还需要提前办理相关手续。

第四步：开票提车。

第五步：介绍服务。

提车结束后销售人员对维护、使用注意事项等向用户介绍，把维修电话提供给用户，并提醒用户要在规定的行驶公里内带好行车证、维护手册到车辆指定的地点做首次维护。另外，还会提醒用户代办牌照、保险、落户年检、代理保险理赔及加入会员俱乐部等相关服务。有的用户会在购车后对汽车做一些装饰，加装装备，比如防盗器、中控锁、座套、贴膜等，这时销售人员会详细介绍项目内容并计算所需费用，安排安装。

第六步：代办业务

本地用户购车后可选择代办牌照业务，由销售人员为用户计算上牌预收款，用户在缴纳预收款后开具牌照代办凭证，上完牌照后，用户凭单据来公司提车。

为新车上保险是每位用户所关心的大事，究竟投保哪家保险公司、投保哪种险，出险后理赔如何，理赔手续是否简便、赔款支付是否迅速以及理赔服务是否高效便捷都是值得关注的。销售人员会向用户详细介绍，并计算保险费用的数额。

第七步：新车落户

新车在上完牌照、保险后，必须要进行落户。业务人员根据落户程序收取落户所需的费用，为用户办理落户手续，办理完落户后，新机动车的一切车务手续就办理完成了。

第八步：验证交车

在汽车上完牌照、保险，并做完装饰后就可通知用户到公司办理验车交接手续，用户检查车辆随车工具、汽车外观及各种手续单证是否齐全。至此，整个销售过程即告完结。

§7—3　汽车上牌

学习目标

了解汽车上牌的流程。

各地区汽车上牌环节有所差别，但差别不大，一般流程如图7—2所示。

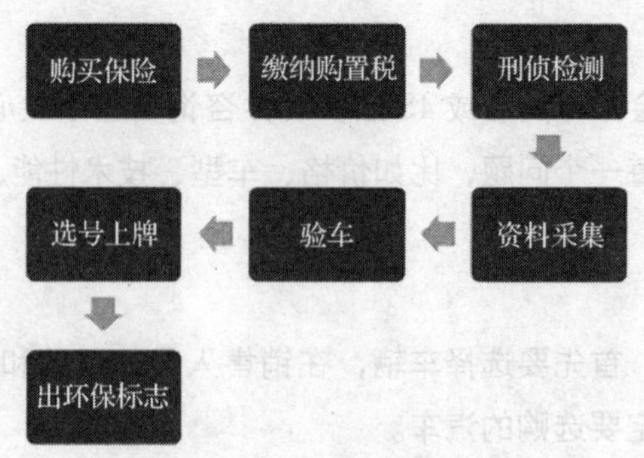

图 7—2　汽车上牌流程图

一、购买保险

购买保险一般是在买车的时候在 4S 店一并购买。保险费用与车价以及所购买的保险款项有关，上牌需要交强险，其他险种视情况而定购买。购买后得到交强险副本和交强险标志。

二、缴纳购置税

购置税在购置税征稽处缴纳，需要提供身份证及复印件，购车发票（报税联），合格证原件及复印件，纳税申报表，如果是进口车辆还需提供海关货物进口证明书及复印件，商品检验单及复印件。

三、刑侦检测

到刑侦窗口填表、做发动机号和车架号拓印（可用原厂的拓印）。刑侦检测后得到《刑侦通知书》。

四、资料采集

把资料提交到资料收集窗口，并领取机动车注册申请表，按要求填好。登记好后，需要再拓印一次，这里只需要拓印车架号（可以使用原厂的拓印）。然后把车开到拍照区，把车窗关闭、天窗向上打开（如果有），然后拍照。接着把拓印和照片交给受理自己资料的窗口。

五、验车

把车开到验车区，把审理后的所有资料交给查验岗的工作人员，等待交警检查车辆，验车时需要把发动机盖打开，主要检验资料上的车架号和发动机号与实车是否相符。

六、选号上牌

验车后，把所有资料一并交给办证大厅里面的资料采集窗口，等待工作人员检验。工作人员再一次确认车主身份后，就会将资料录入到电脑中，打单交费后就可以进行选号上牌了。

七、出环保标志

上好牌后便可领取到车辆行驶证、车辆登记证、合格标志。拿着行驶证和登记证到环保标志窗口打印环保标志。

§7—4　车辆管理与保险

学习目标

1. 了解车辆管理的基本范围。
2. 了解车辆保险的基本知识。

一、车辆管理

车辆管理是对车辆及驾驶员的技术监督和安全管理。管理范围包括：登记检验车辆信息，考核审验驾驶员，核发车辆号牌、行车证和驾驶证，监督车辆的制造、维护、维修和驾驶员的培训，管理非机动车。其目的在于提高运输效率，保证交通安全，预防犯罪分子利用车辆进行犯罪活动，维护社会治安秩序。

车辆管理对企业而言，应当包括车辆档案管理、驾驶员档案管理、行车安全管理、车辆定位管理、用车记录管理、加油管理、维修管理和费用管理等几大方面，以保证车辆安全行驶，提高车辆使用效率。

二、车辆保险

车辆保险是我国广泛开展的一项险种，可分为商业险和交强险。

1. 商业险

商业险包括主险和附加险两个部分。

(1) 主险

商业险主险包括机动车辆损失险、机动车辆第三者责任险、车上人员责任险、全车盗抢险。

1) 机动车辆损失险　承保被保险车辆遭受保险范围内的自然灾害或意外事故，造成保险车辆本身损失，保险公司依照保险合同的规定给予赔偿的一种保险。

2) 机动车辆第三者责任险　对被保险人或其允许的合格驾驶人员在使用保险车辆过程中发生意外事故，致使第三者遭受人身伤亡或财产损坏，依法应由被保险人支付的金额，由保险公司负责赔偿。

3) 全车盗抢险：

①在全车被盗窃、抢劫、抢夺的被保险机动车（含投保的挂车），需经县级以上公安刑

侦部门立案侦查，证实满 60 天未查明下落。

②被保险机动车全车被盗窃、抢劫、抢夺后，受到损坏或因此造成车上零部件、附属设备丢失需要修复的合理费用。

③发生保险事故时，被保险人为防止或者减少被保险机动车的损失所支付的必要的、合理的施救费用，由保险公司承担，最高不超过保险金额的数额。

以上三种情况下发生的损失可以赔偿。

4）车上人员责任险　指保险车辆发生意外事故（不是行为人出于故意，而是行为人不可预见的以及不可抗拒的，造成了人员伤亡或财产损失的突发事件），导致车上的司机或乘客人员伤亡造成的费用损失，以及为减少损失而支付的必要合理的施救、保护费用，由保险公司承担赔偿责任。

(2) 附加险

附加险包括玻璃单独破碎险，车辆停驶损失险，自燃损失险，新增设备损失险，发动机进水险，无过失责任险，代步车费用险，车身划痕损失险，不计免赔率特约条款，车上货物责任险等多种险种。

2. 交强险

交强险的全称是“机动车交通事故责任强制保险”，是由保险公司对被保险机动车发生道路交通事故造成受害人（不包括本车人员和被保险人）的人身伤亡、财产损失，在责任限额内予以赔偿的强制性责任保险。交强险是中国首个由国家法律规定实行的强制保险制度。其保费执行全国统一收费标准，由国家统一规定，但是不同型号汽车的交强险价格也不同，主要影响因素是“汽车座位数”。

根据《机动车交通事故责任强制保险条例》的规定，在中华人民共和国境内道路上行驶的机动车的所有人或者管理人都应当投保交强险，机动车所有人、管理人未按照规定投保交强险的，公安机关交通管理部门有权扣留机动车，通知机动车所有人、管理人依照规定投保，并处应缴纳保险费 2 倍的罚款。